Bill Rebiger
Das jüdische Berlin

Bill Rebiger

Das jüdische Berlin

Kultur, Religion und Alltag
gestern und heute

Jaron

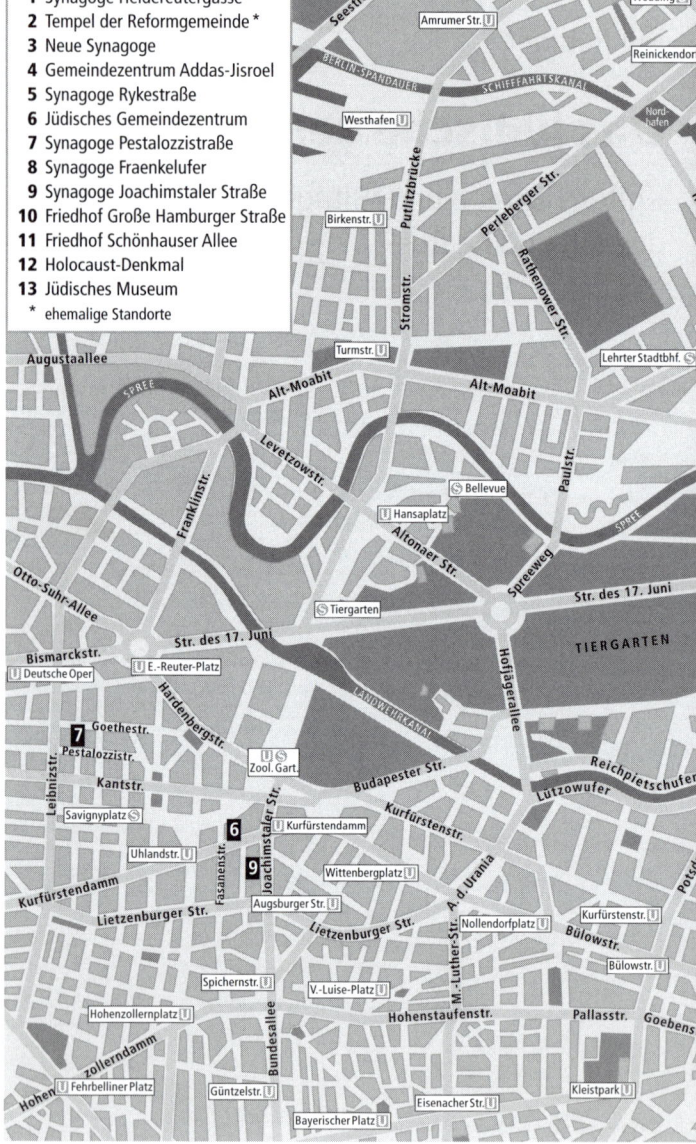

1 Synagoge Heidereutergasse *
2 Tempel der Reformgemeinde *
3 Neue Synagoge
4 Gemeindezentrum Addas-Jisroel
5 Synagoge Rykestraße
6 Jüdisches Gemeindezentrum
7 Synagoge Pestalozzistraße
8 Synagoge Fraenkelufer
9 Synagoge Joachimstaler Straße
10 Friedhof Große Hamburger Straße
11 Friedhof Schönhauser Allee
12 Holocaust-Denkmal
13 Jüdisches Museum
 * ehemalige Standorte

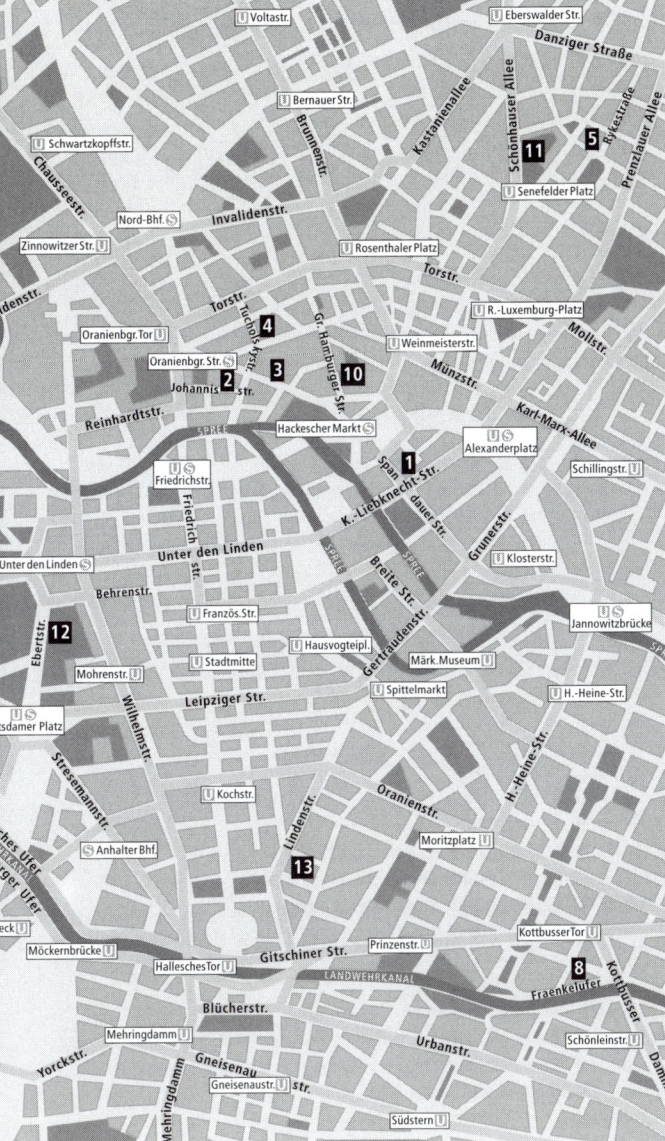

Originalausgabe
1. Auflage 2000
© 2000 Jaron Verlag GmbH, Berlin
Alle Rechte vorbehalten. Jede Verwertung des Werkes und aller
seiner Teile ist nur mit Zustimmung des Verlages erlaubt.
Das gilt insbesondere für Vervielfältigungen, Übersetzungen,
Mikroverfilmungen und die Einspeicherung und Verarbeitung
in elektronischen Medien.
Fotos: Günter Schneider, Berlin
Karte S. 4/5: Matthias Frach, Berlin
Umschlaggestaltung: Maria Herrlich, Berlin, unter Verwendung
von Fotos von Günter Schneider
Satz und Lithographie: LVD GmbH, Berlin
Druck und Bindung: Clausen & Bosse, Leck
ISBN 3-89773-105-3

Inhalt

Bildungseinrichtungen

Sozialeinrichtungen

Jüdische Friedhöfe

Schoa – Gedenkstätten und Mahnmale

Museen und Ausstellungen

Kultur

Mythos Scheunenviertel *186*

Jüdische Cafés und Restaurants

Jüdische Lebensmittel-, Buch- und Ritualiengeschäfte

Register *207*

Zum Autor *215*

Zu diesem Buch

Das wachsende Interesse an Geschichte, Tradition und Kultur von Juden in Berlin ist derzeit deutlich spürbar.

Wer sich für das Judentum interessiert, wird bald auf die Bedeutung jüdischer Persönlichkeiten und Institutionen in Berlin stoßen. Wer Berlin erkunden möchte, wird nicht selten auf Spuren jüdischen Lebens treffen. Wer sich mit der deutschen Geschichte beschäftigt, wird sich unweigerlich mit der Schoa, die von Berlin ausging, auseinandersetzen müssen.

Gerade in den letzten Jahren erfährt das jüdische Leben in Berlin einen erneuten Aufschwung. Durch die Zuwanderung aus den Ländern der ehemaligen Sowjetunion verdoppelte sich die Anzahl der Gemeindemitglieder in knapp zehn Jahren auf etwa 12 000. In der Spandauer Vorstadt in Berlin-Mitte gibt es inzwischen außer der rekonstruierten Neuen Synagoge, dem angeschlossenen Centrum Judaicum sowie dem Gemeindezentrum von Adass-Jisroel auch wieder einige jüdische Restaurants, Cafés, Geschäfte, eine Galerie und eine Schule. Trotz dieser erfreulichen Entwicklung darf nicht vergessen werden, dass die Anzahl der heute in Berlin lebenden jüdischen Gemeindemitglieder verglichen mit der Vorkriegszeit nur knapp zehn Prozent darstellt. Der Verlust an jüdischen Mitmenschen, den die Verantwortlichen in Deutschland und ihre Helfershelfer in anderen Ländern mit der Schoa verursacht haben, bleibt weiterhin schmerzhaft spürbar.

Dieser Reiseführer möchte die Stätten jüdischer Geschichte in Berlin und die wichtigsten jüdischen Persönlichkeiten der Stadt vorstellen sowie geschichtliche und kulturelle Zusammenhänge verdeutlichen.

Das Buch wäre nicht ohne die Hilfe zahlreicher Menschen entstanden, die weder mit Kritik noch mit Anmerkungen sparten. Danken möchte ich besonders den kompetenten Rundgangsleitern des Vereins „Statt-Reisen Berlin e. V.", die mir wertvolle Einblicke in die Vergangenheit und Gegenwart Berlins und seiner Bewohner vermittelten. Vor allem Katrin Rebiger, die mich als Ehefrau, Theologin und Pädagogin unterstützte, gebührt mein herzlicher und liebevoller Dank. Nicht zuletzt hat mich unser Sohn Simon Philipp mit seiner rastlosen Neugier immer wieder ermuntert, den faszinierenden Stadtraum von Berlin in gemeinsamen Spaziergängen zu erkunden.

Gebäude, von denen heute keine historische Bausubstanz mehr vorhanden ist, sind mit einem Sternchen (*) kenntlich gemacht. Die stark vereinfachte Umschrift hebräischer Begriffe verzichtet auf diakritische Zeichen und orientiert sich an der Aussprache durch den deutschen Leser, das heißt, unterschiedliche hebräische Buchstaben werden bei gleicher Aussprache gleich wiedergegeben. Entgegen dieser Regelung wurde bei eingebürgerten hebräischen Begriffen – wie z. B. Pessach oder Klezmer – die vertraute Schreibweise beibehalten.

Kommentierte Zeittafel zur Geschichte der Juden in Berlin

Von den Anfängen bis zur Hinrichtung des Münzmeisters Lippold

10. Jh.   Erste urkundliche Erwähnung von Juden in der Mark Brandenburg. Dass sie sich in dieser Zeit auch schon hier angesiedelt haben, ist nur wahrscheinlich, aber nicht durch weitere Zeugnisse gesichert.

13. Jh.   In Spandau, das damals noch nicht zu Berlin gehörte, wurde ein jüdischer Friedhof, genannt „Juden-Kiewer", angelegt, auf dem auch die Berliner Juden bestattet wurden. Wahrscheinlich besaßen die Juden in Berlin in dieser Zeit keinen eigenen Friedhof.

1244   Jahreszahl des ältesten Grabsteins, der vom „Juden-Kiewer" gefunden wurde.

28.10.1295   Im Innungsbrief der Wollenweber von Berlin wurde das Verbot für Zunftmitglieder, bei Juden Garn zu kaufen, ausgesprochen. Juden konnten nicht Mitglieder der Handwerkszünfte werden. Mit diesem Brief wollte man die unliebsame Konkurrenz ausschalten. Er ist zugleich der älteste urkundliche Beleg für die Ansiedlung von Juden in Berlin.

1297   In Stendal wurde die erste Judenordnung der Mark Brandenburg erlassen. Sie garantierte den Juden das Recht auf Niederlassung, allerdings nur bei eigenem Vermögen, von dem sie jedes Jahr hohe Schutzgelder an den Markgrafen entrichten mussten. Die Juden waren vor allem im Fernhandel und Geldgeschäft tätig.

5.4.1317   In einer Urkunde bestätigte Markgraf Waldemar, dass sich die Juden in Berlin und Cölln in Rechtsangelegenheiten nur vor dem Magistrat der Stadt

	zu verantworten haben. Sie unterstanden also nicht länger dem Landesherrn.
1347–49	Nach Anschuldigungen, die Juden hätten die in der Mark Brandenburg und Berlin wütende Pest zu verantworten, kam es zu Pogromen und Vertreibungen in Berlin und Umgebung. Viele der Flüchtlinge wanderten nach Polen aus, wo ihnen König Kasimir im Jahre 1364 Niederlassungsrecht und Handelsfreiheit gewährte.
1354	Juden durften sich wieder in Berlin niederlassen.
1420	Ein neues Judenprivileg, das die Ansiedlung und rechtliche Stellung regelt, wurde unter Kurfürst Friedrich I. erteilt. Juden durften nun auch mit Nahrungsmitteln und Pfandsachen handeln und sollten keine höheren Zölle an den Stadttoren zahlen als Christen.
1446	Unter Kurfürst Friedrich II. wurden die Juden erneut aus der Mark Brandenburg vertrieben. Ihr gesamter Besitz wurde konfisziert. Gegen diese Praxis protestierte der Bischof von Brandenburg, Stefan Bodeker. Schon bald darauf wurden Juden in den Städten wieder aufgenommen. Die Zollerschen Landesherren (spätere Hohenzollern) stritten sich mit den städtischen Ratsherren um die Steuer- und Schutzgeldeinkünfte der Juden und setzten sich dann gegen Ende des Jahrhunderts unter Kurfürst Johann Cicero durch.
1474	Der letzte datierte Grabstein aus Spandau ist für Kallomannus, einen Spandauer und Berliner Bürger.
6.2.1510	Nach dem Diebstahl einer vergoldeten Monstranz und zweier geweihter Hostien aus einer Kirche in Knoblauch (Havelland) durch den christlichen Kesselflicker Paul Fromm wurde eine Hostienschändungsanklage gegen Juden erhoben. 51 Juden wurden verhaftet. Der Kesselflicker hatte unter Folter „gestanden", Juden die Hostien gegeben zu haben. Das städtische Bürgertum benutzte diese Anschul-

digungen, um mit den Juden Konkurrenten auszuschalten. Im Hostienschändungsprozess wurde die Anklage um den vorgeblichen Ritualmord an Christen erweitert.

19.7.1510   Nach ihrer Verurteilung wurden 39 Juden auf dem Neuen Markt an der Marienkirche in Berlin öffentlich auf dem Scheiterhaufen verbrannt. Es folgten die Vertreibung aller Juden aus der Mark Brandenburg und die Zerstörung des Spandauer Friedhofs.

1539   Auf dem Fürstentag zu Frankfurt wies Josel von Rosheim, das politische Oberhaupt der deutschen Juden, die Unschuld der jüdischen Märtyrer von 1510 nach. Daraufhin durften sich Juden unter Kurfürst Joachim II. gegen Zahlung von 42 000 Talern und einem jährlichen Schutzgeld erneut in Berlin niederlassen. Der Kurfürst war daran interessiert, den Handel mit Polen wieder zu beleben sowie die Münzstätten mit Silber zu versorgen.

1543   Michael aus Derenburg bei Halberstadt wurde zum Hofjuden des Kurfürsten ernannt und war damit der erste in Berlin nachzuweisende Hofjude. Hofjuden beziehungsweise Hoffaktoren waren privilegierte Juden, die ihrem jeweiligen Herrn die vor allem für die kostspielige Hofhaltung benötigten Finanzen beschaffen mussten. Dafür betrieben sie Geldverleih, handelten mit Silber oder Schmuck und trieben Steuern ein. Hofjuden waren Laune und Schicksal ihrer Herrn ausgesetzt.

1556   Lippold aus Prag wurde zum obersten aller märkischen Juden ernannt und war für ihre Vermögenssichtung und Steuereintreibung zuständig.

1565   Lippold wurde kurfürstlicher Münzmeister und damit auch zuständig für die Eintreibung und Verwaltung der allgemeinen Steuern.

3.1.1571   Nach dem Tod von Joachim II. wurde Lippold verhaftet und des Giftmordes an seinem Gönner sowie der Veruntreuung von Geldern angeklagt. Es kam

	zu Ausschreitungen gegen Juden, Plünderungen ihrer Häuser und ersten Ausweisungen.
1573	Nach der öffentlichen Hinrichtung des Münzmeisters Lippold wurden von Kurfürst Johann Georg I. alle Juden aus der Mark Brandenburg zu Strafgeldern verpflichtet und ausgewiesen. Die Mehrheit der Vertriebenen flüchtete nach Polen und Böhmen.

Von der Gründung der Jüdischen Gemeinde zu Berlin bis zum preußischen Emanzipationsedikt

1665	Der Hoffaktor Israel Aaron erhielt das Aufenthaltsrecht in Berlin. Er sollte die Finanzmittel für die kostspieligen Pläne des Großen Kurfürsten Friedrich Wilhelm I. organisieren. Nach den Verwüstungen des Dreißigjährigen Krieges hoffte der Landesherr durch die Ansiedlung von Ausländern und Verfolgten das Land wieder zu bevölkern und wirtschaftlich zu stärken.
21.5.1671	Friedrich Wilhelm I. erlaubte durch ein Edikt 50 wohlhabenden jüdischen Familien, die aus Wien vertrieben wurden, die Niederlassung in der Mark Brandenburg. Im „Edikt wegen aufgenommenen 50 Familien Schutz-Juden" heißt es: „… zu Beforderung Handels und Wandels bewogen worden, einige von anderen Ort sich wegbegebende jüdische Familien, und zwar 50 derselben, in Unser Lande der Kur- und Mark Brandenburg und in Unseren sonderbaren Schutz gnädigst auf- und anzunehmen." Jede jüdische Familie musste pro Jahr acht Taler Schutzgeld und bei Trauungen, Geburten, Beerdigungen und Hausbau weitere Abgaben zahlen. Der Handel mit Wolle, Tuch und Kleidung war ihnen erlaubt, Wucher dagegen ausdrücklich verboten. Die Schutzbriefe wurden zunächst nur für 20 Jahre ausgestellt, da eine dauerhafte Ansiedlung von Juden nicht geplant war. Eine Synagoge durfte nicht er-

richtet werden; der Gottesdienst in privaten Beträumen wurde geduldet.

10.9.1671 Offizielles Gründungsdatum der Jüdischen Gemeinde zu Berlin. Die ersten beiden Schutzbriefe für Benedikt Veit und Abraham Riess und ihre Familien aus Wien wurden ausgestellt.

1672 In der Großen Hamburger Straße wurde ein Grundstück für die Anlage eines jüdischen Friedhofs erworben.

1675 Beginn des Protokollbuchs der jüdischen Beerdigungsgesellschaft *Chewra Kaddischa* (hebräisch „Heilige Bruderschaft"), deren ehrenamtliche Mitglieder für die rituelle Bestattung der Verstorbenen zuständig waren. Mit dem Friedhof und der Beerdigungsgesellschaft waren die wichtigsten religiösen Institutionen der Gemeinde gegründet.

1700 Die Gemeinde zählte etwa 70 religionsmündige Mitglieder. Da seit diesem Jahr das Steueraufkommen der Gemeinde pauschal bestimmt wurde, musste der Gemeindevorsteher die Aufteilung auf die einzelnen Familien vornehmen. Zugleich wurde das Prinzip der Solidarhaftung eingeführt, das die Gemeinde verpflichtete, für die Zahlungsunfähigkeit ihrer Mitglieder einzustehen. Die vom König neu gebildete „Judencommission" vermittelte zwischen dem Landesherrn und den einzelnen Gemeindemitgliedern.

1703 Eröffnung eines jüdischen Armenspitals, das durch die stark angewachsene Zahl von mittellosen Juden ohne Schutzbrief notwendig geworden war.

20.5.1714 Bestätigung der im Aufnahmeedikt von 1671 gewährten Rechte. Die unsichere Rechtslage der Juden Berlins in den ersten Jahrzehnten nach ihrer Aufnahme, die ständige Drohung der Ausweisung bei nicht vorschriftsmäßiger Zahlung der Schutzgelder oder strafbarem Verhalten eines Gemeindemitglieds, war vorerst beendet.

14.9.1714	Einweihung der ersten Synagoge von Berlin in der Heidereutergasse. Der König hatte den Bau unter der Voraussetzung erlaubt, keine Steuerausfälle zu haben. Bis zu diesem Zeitpunkt hielten die Berliner Juden ihre Gottesdienste in privaten Beträumen ab.
20.4.1718	Besuch von König Friedrich Wilhelm I. in der Synagoge in der Heidereutergasse.
1720	Gründung des Frauenvereins *Chewras Noschim*, der sich um kranke und schwangere Frauen sowie um Wöchnerinnen kümmerte.
29.9.1730	Im „General Privilegium und Reglement, wie es wegen der Juden in Sr. Königl. Majestät Landen zu halten", wurden die 1714 eingeräumten Rechte weitgehend zurückgenommen. Das Recht auf freien Handel wurde stark eingeschränkt, Juden durften nicht mehr mit Gewürzen, rohen Tierhäuten und Rohstoffen handeln und kein Bier mehr brauen. Die Verdrängung aus einer ganzen Anzahl angestammter Berufe führte zu einer Konzentration von Juden im Kreditwesen. Unterstützt wurde auch die Neugründung oder Erweiterung von Manufakturen durch entsprechend wohlhabende Juden. Für die mittellosen blieb oft nur der Altkleider- und Trödelhandel oder die Anstellung als Hausdiener.
1737	Begrenzung der Zahl der in Berlin zugelassenen Juden auf 120 Familien und Ausweisung von 584 besitzlosen Juden aus der Stadt.
1743	Moses Mendelssohn kam als 14-Jähriger völlig mittellos nach Berlin. Mit ihm sollte sich in der Folgezeit der geistige Aufschwung der Gemeinde und der Berliner Bürgerkultur sowie die Ausbreitung einer jüdischen Aufklärung verbinden.
	Im gleichen Jahr wurde vor dem Rosenthaler Tor eine jüdische Armenherberge für die so genannten „Betteljuden" eingerichtet. Etwa 1945 Juden in 333 Familien wurden in Berlin gezählt.

17.4.1750   Mit dem „Revidirten General-Privilegium und Reglement, vor die Judenschaft im Königreiche Preußen" durch Friedrich II. erfolgte eine weitere Einschränkung der Rechte der Juden. Auf Bitten der Jüdischen Gemeinde wurde das Gesetz erst 1756 veröffentlicht. Mirabeau nannte es: „Ein Gesetz, eines Kannibalen würdig."

Es wurden darin sechs Gruppen von Juden unterschieden, von denen die obersten drei alle Steuern und Abgaben zu begleichen hatten. Ein Generalprivilegium erhielten nur einige wenige, sehr reiche Juden, denen die Bürgerrechte eingeräumt wurden, die auf alle Kinder vererbbar waren. Sie durften Häuser und Grundbesitz erwerben. Zur zweiten Gruppe gehörten die „ordentlichen Schutzjuden". Sie konnten ihren Beruf ausüben und den rechtlichen Schutz nur auf maximal zwei Kinder vererben. Dabei musste das erste Kind mehr als 1000, das zweite sogar mehr als 2000 Taler in bar besitzen. Die dritte Gruppe bestand aus den „außerordentlichen Schutzjuden". Der Schutzbrief galt bei ihnen nur für eine einzelne Person, der Rest der Familie konnte nach dem Tod des privilegierten Familienoberhauptes sofort ausgewiesen werden. Diesen Status besaßen vor allem Ärzte und Handwerker. Die vierte Gruppe wurde von der genau festgelegten Anzahl von Gemeindedienern gebildet. Zu ihr gehörten für die Dauer ihrer Amtszeit ein Rabbiner, zwei Kantoren, sechs Totengräber, drei rituelle Schlächter, drei Bäcker, ein Arzt und zwei Drucker. Ohne Schutz lebten die Juden der fünften Gruppe, die nur geduldet waren. Dies waren hauptsächlich die Kinder von ordentlichen Schutzjuden, die den Rechtsstatus nicht erben konnten, und alle Kinder von Mitgliedern der dritten und vierten Gruppe. Zur sechsten Gruppe zählten das Dienstpersonal und andere Hausangestellte, die sich nur für die

	Dauer ihrer Arbeitsverhältnisse in Berlin aufhalten durften.
21.2.1769	Eine Kabinettsorder von Friedrich II. zwang Juden, für die Gewährung der Heiratserlaubnis, des Wohnrechts, Hauskaufs und ähnlicher Vergünstigungen Porzellan der Königlichen Porzellan Manufaktur (KPM) zu kaufen, deren Absatz damit gesteigert werden sollte.
1778	Die aufklärerischen Ideen von Moses Mendelssohn trugen mit der Gründung der Jüdischen Freischule durch David Friedländer, Naphtali Herz Wessely und Isaak Daniel Itzig erste Früchte.
1781	Christian Wilhelm Dohms Schrift „Über die bürgerliche Verbesserung der Juden" erschien bei Friedrich Nicolai in Berlin. In ihr fordert der Christ und Kriegsrat Dohm, von Mendelssohn angeregt, die rechtliche Gleichstellung und soziale Eingliederung der Juden in die deutsche Gesellschaft. Damit wurden diese Forderungen zum ersten Mal in Deutschland auch von nichtjüdischen Persönlichkeiten formuliert. Von den Juden wurde erwartet, sich stärker an die Kultur ihrer Umwelt anzupassen. Emanzipations- und Assimilationsbestrebungen gingen von nun an im Judentum zusammen.
1791	Nach der französischen Revolution erhielten die Juden in Frankreich alle staatsbürgerlichen Rechte. Dieses Ereignis wurde zum Fanal auch für die benachbarten deutschen Länder.
11.3.1812	Durch ein „Edikt, betreffend die bürgerlichen Verhältnisse der Juden in dem Preußischen Staate", dem so genannten Emanzipationsedikt, wurden die Juden Preußens zu gleichberechtigten Staatsbürgern erklärt. Zugleich wurde ihnen Gewerbefreiheit, freies Wohnrecht und das Recht auf akademische Karriere und kommunale Ämter verliehen. Da dieses Reformwerk nur von wenigen Staatsmännern durchgesetzt wurde, ohne von breiten Bevölke-

rungsschichten getragen zu werden und ohne die
politischen Verhältnisse maßgeblich zu ändern,
konnte es nach dem Wiener Kongress von reaktio-
nären Kräften teilweise wieder zurückgenommen
werden.

Vom Reformjudentum bis zur Emanzipation der Juden im Kaiserreich

1815　　　Israel Jacobson, der schon in Seesen reformerisch
　　　　　　gewirkt und dort 1810 einen so genannten „Tempel"
　　　　　　hatte bauen lassen, und Jacob Herz Beer führten in
　　　　　　ihren Häusern in Berlin deutschsprachige Gottes-
　　　　　　dienste mit Predigt, Chorgesang und Orgelspiel
　　　　　　ein. Die Reformen im jüdischen Gottesdienst orien-
　　　　　　tierten sich am protestantischen Vorbild und riefen
　　　　　　den erbitterten Widerstand orthodoxer Juden her-
　　　　　　vor.

1819　　　Gründung des „Vereins für Cultur und Wissenschaft
　　　　　　der Juden" durch Leopold Zunz und Eduard Gans,
　　　　　　deren Ziel die wissenschaftliche Erforschung des
　　　　　　Judentums war.

1822　　　Den Juden wurde das Recht auf die Bekleidung
　　　　　　höherer Militärdienstgrade und akademischer
　　　　　　Lehr- und Schulämter wieder entzogen.

1823　　　Friedrich Wilhelm III. untersagte auf Initiative der
　　　　　　orthodoxen Juden alle Neuerungen in Sprache und
　　　　　　Zeremonie des Ritus, in der Hoffnung, die reforme-
　　　　　　risch orientierten Juden so zur Taufe zu bewegen. In
　　　　　　der Tat traten dann besonders in der ersten Hälfte
　　　　　　des 19. Jahrhunderts zahlreiche gebildete und
　　　　　　wohlhabende Juden zum Christentum über.

1824　　　An der Schönhauser Allee wurde ein Grundstück zur
　　　　　　Anlage eines neuen Friedhofs erworben, nachdem
　　　　　　der alte in der Großen Hamburger Straße nicht mehr
　　　　　　ausreichte.

1826　　　Gründung einer Knabenschule der Jüdischen
　　　　　　Gemeinde.

24.6.1827	Letzte Beerdigung auf dem jüdischen Friedhof in der Großen Hamburger Straße.
1827	Eröffnung des jüdischen Friedhofs in der Schönhauser Allee.
1828	Neues Statut der *Chewra Kaddischa*, der jüdischen Begräbnisgesellschaft.
1835	Gründung einer Mädchenschule.
Mai 1845	Gründung der Berliner „Genossenschaft für Reform im Judenthume" durch Sigismund Stern. Hier versammelten sich die radikalsten jüdischen Reformer, die auf wesentliche jüdische Traditionen (z. B. Kopfbedeckung in der Synagoge, hebräische Liturgie, Schabbat, Geschlechtertrennung) verzichten und zugleich erhebliche Neuerungen (z. B. Orgel, Chor, deutschsprachige Liturgie, Sonntagsgottesdienst) einführen wollten. Später wurde die Genossenschaft in Jüdische Reformgemeinde umbenannt, aber nicht als selbstständige Seperatgemeinde anerkannt.
1847	Die jüdischen Gemeinden, die bis zu diesem Zeitpunkt nur „geduldete Religionsgesellschaften" waren, wurden als Körperschaften des öffentlichen Rechts anerkannt und erhielten Kultusautonomie. Sie durften öffentliche Schulen betreiben, staatliche Zuschüsse für Bildungseinrichtungen einfordern und Gemeindesteuern erheben.
31.1.1850	Die juristische Gleichstellung aller Preußen, einschließlich der Juden, wurde in Artikel 4 der revidierten preußischen Verfassung fixiert. Allerdings wurde Juden weiterhin der Zugang zu öffentlichen Ämtern, höheren militärischen Dienstgraden und universitären Lehrstühlen verwehrt.
September 1854	Weihung des „Tempels der Jüdischen Reformgemeinde" in der Johannisstraße, deren erster Rabbiner Samuel Holdheim wurde.
23.5.1861	Mit dem neuen Statut der Jüdischen Gemeinde zu Berlin wurden die Zuständigkeiten der Selbstverwaltungsgremien geregelt.

5.9.1866	Einweihung der liberalen Neuen Synagoge in der Oranienburger Straße, die zu einem Zentrum einer gemäßigten Reform mit Orgel, Chor und neuer Liturgie wurde.
Juni 1869	Gründung der orthodoxen Seperatgemeinde „Gesetzestreue jüdische Religionsgesellschaft Adass-Jisroel", die ab 1885 eine eigenständige jüdische Gemeinde bildete. Die Mitglieder, die die Reformierung des jüdischen Gottesdienstes ablehnten, reagierten damit auf die Aufgabe der strikten Einhaltung des Religionsgesetzes durch den größten Teil der jüdischen Gemeinde.
3.7.1869	Der 1867 gegründete Norddeutsche Bund verkündete mit dem Gesetz über die Gleichberechtigung der religiösen Bekenntnisse die Emanzipation der Juden für sein Territorium.
April 1871	Das 1869 vom Norddeutschen Bund verkündete Gesetz wurde in das Reichsgesetz des neu gegründeten Kaiserreichs übernommen.

Von der Blüte des deutschen Judentums bis zum Ende der Weimarer Republik

1872	Gründung einer privaten „Hochschule für die Wissenschaft des Judentums" in Berlin durch Moritz Lazarus und Salomon Neumann, nachdem die Bestrebungen, diese Disziplin an den Universitäten zu etablieren, gescheitert waren. Juden war es nur in Ausnahmefällen möglich, eine ordentliche Professur an einer Universität zu erhalten.
22.10.1873	Gründung des orthodoxen Rabbinerseminars in Berlin durch Esriel Hildesheimer, dem Rabbiner und geistigen Oberhaupt der Adass-Jisroel-Gemeinde.
22.12.1873	Adass-Jisroel erwarb ein Grundstück für einen eigenen Friedhof an der Wittlicher Straße in Weißensee.
1875	Die Jüdische Gemeinde zu Berlin zählte etwa 65 000 Mitglieder.
28.7.1876	Verabschiedung des Austrittsgesetzes, das Juden

erlaubte aus der Jüdischen Gemeinde auszutreten, ohne zugleich konvertieren zu müssen. Es ermöglichte auch den Austritt der Vereinigung Adass-Jisroel aus der Berliner Gemeinde im selben Jahr. Im September 1985 wurde Adass-Jisroel offiziell als selbstständige Religionsgemeinschaft zugelassen.

1878	Der evangelische Hofprediger Adolf Stoecker gründete die antisemitische „Christlich-Soziale Arbeiterpartei".
1880	Schließung des Friedhofs Schönhauser Allee. Danach erfolgten hier nur noch einzelne Erb- und Reihenbegräbnisse.
24.2.1880	Erste Beisetzung auf dem Friedhof der Adass-Jisroel.
9.9.1880	Eröffnung des Jüdischen Friedhofs der Hauptgemeinde in Weißensee.
1882	Gründung der Berliner Loge „Bne Briss", eines wohltätigen Männerbundes.
1887	Eröffnung eines Jüdischen Friedhofs in Köpenick.
1890	Gründung des „Vereins zur Abwehr des Antisemitismus".
1893	Für die Bekämpfung des zunehmenden Antisemitismus und um die Anerkennung der Juden als deutsche Staatsbürger in der Öffentlichkeit zu fördern, wird der „Central-Verein deutscher Staatsbürger jüdischen Glaubens" gegründet.
1901	Gründung des „Hilfsvereins der Deutschen Juden".
1905	Das zentrale Büro der „Zionistischen Vereinigung für Deutschland" wurde nach Berlin verlegt. Der politische Zionismus entstand in Reaktion auf den Antisemitismus und forderte einen eigenen Staat der Juden. Je mehr die Zionisten eine nationale Identität der Juden betonten, desto schärfer wurde die Auseinandersetzung mit dem assimilierten Teil des deutschen Judentums, der vor allem vom „Central-Verein" repräsentiert wurde.
1910	In Groß-Berlin wurden 144 043 jüdische Einwohner gezählt.

Berliner Antisemitismusstreit

Der Begriff „Antisemitismus" wurde im Jahre 1879 durch den Journalisten **Wilhelm Marr** (1818–1904) mit seiner Schrift „Der Sieg des Judenthums über das Germanenthum" in Umlauf gebracht. Der Antisemitismus war eine Reaktion auf die bürgerliche Emanzipation der Juden. Er behauptete die Existenz einer „jüdischen Rasse", die der „arischen Rasse" fremd gegenübersteht und diese beherrschen wolle. Nach Ansicht der Antisemiten sollten den Juden die gerade erworbenen staatsbürgerlichen Rechte wieder entzogen werden. Marr war auch Mitbegründer der „Antisemiten-Liga", die in Berlin im selben Jahr entstand.
Der Hofprediger **Adolf Stoecker** (1835–1909) wollte zur gleichen Zeit den Einfluss der Sozialdemokratie auf die wachsende Arbeiterschaft bekämpfen. Er gründete im Jahre 1878 in Berlin die „Christlich-Soziale Arbeiterpartei". In seiner Rede „Unsere Forderungen an das moderne Judenthum" formulierte er erstmals sein politisches Programm.
Heinrich von Treitschke (1834–1896), Professor für Geschichte an der Berliner Universität, verfasste einige judenfeindliche Artikel in der von ihm herausgegebenen Zeitschrift „Preußische Jahrbücher", in denen erstmals der unheilvolle Ruf „Die Juden sind unser Unglück" erscholl. Die jüdischen Gelehrten Heinrich Graetz, Manuel Joël und Hermann Cohen gehörten zu den prominenten Juden, die Treitschkes Darstellungen in eigenen Aufsätzen umgehend widersprachen. Aber auch 75 nichtjüdische Persönlichkeiten, darunter Theodor Mommsen und Max von Forckenbeck, der Oberbürgermeister von Berlin, wandten sich mit der Erklärung vom 12. November 1880 gegen Treitschkes antisemitische Unterstellungen und appellierten an das „Vermächtnis Lessings". Eine von Antisemiten im Jahre 1880 an die Reichsregierung überreichte Petition, die 265 000 Unterschriften trug, forderte die Rücknahme der bürgerlichen Emanzipation der Juden. Nachdem der Antisemitismus in der deutschen Öffentlichkeit Wurzeln geschlagen hatte, gelangten antisemitische Parteien in den 90er Jahren des 19. Jahrhunderts sogar in den Reichstag. Der Antisemitismus war nicht nur „salonfähig" geworden, sondern hatte zum ersten Mal auch politische Wirkung in einem parlamentarischen Staat gezeigt.

1911	Das Büro der „Zionistischen Organisation" wurde ebenfalls nach Berlin verlegt.
1914–18	Über 12 000 jüdische Soldaten kamen im Ersten Weltkrieg ums Leben. Ende 1916 wurde den antisemitischen Forderungen nachgegeben und die so genannte „Judenzählung" durchgeführt, um die Beteiligung jüdischer Soldaten im Krieg zu untersuchen. Die Zählung, die im Verhältnis zu ihrem Anteil an der Bevölkerung eine überdurchschnittliche Beteiligung von Juden ergab, wurde allerdings nicht veröffentlicht.
Januar 1919	Gründung des „Reichsbundes jüdischer Frontsoldaten" in Berlin, der den antisemitischen Vorwurf der „Drückebergerei der Juden" zu widerlegen versuchte und zugleich Schutz vor antisemitischen Angriffen bieten wollte.
14.6.1922	Walther Rathenau, Außenminister der Weimarer Republik, fiel einem Attentat durch antisemitische Korpsoffiziere zum Opfer.
5.11.1923	Antisemitische Ausschreitungen im Berliner Scheunenviertel. Der „Reichsbund" und der „Central-Verein" organisierten die bewaffnete Selbstverteidigung der Bewohner.
1925	In Groß-Berlin wurden 172 672 jüdische Einwohner gezählt, die 4,3 Prozent der Berliner Gesamtbevölkerung ausmachten. Der Anteil jüdischer Staatsbürger an der deutschen Gesamtbevölkerung betrug nicht einmal ein Prozent.
1932	In Berlin existierten 94 Synagogen und Bethäuser.

Von der Vertreibung der deutschen Juden bis zur Vernichtung des europäischen Judentums

1933	Bei Regierungsantritt der Nationalsozialisten unter Adolf Hitler zählte Berlin 160 000 jüdische Einwohner, was etwa vier Prozent der Stadtbevölkerung sowie rund einem Drittel aller deutschen Juden entsprach.

1.4.1933	Die Nationalsozialisten riefen zu einem Boykott der Geschäfte auf, die im Besitz von deutschen Staatsbürgern jüdischen Glaubens und jüdischer Abstammung waren.
7.4.1933	Durch das „Gesetz zur Wiederherstellung des Berufsbeamtentums" wurden „Beamte, die nicht arischer Abstammung sind" zwangsweise in den Ruhestand versetzt. Nur die jüdischen Frontkämpfer des Ersten Weltkrieges wurden noch bis 1935 verschont. Mit diesem Gesetz versuchten die Nationalsozialisten erstmals juristisch zu definieren, wer „Jude" ist.
6.7.1933	Gründung des „Kulturbundes deutscher Juden", der für die vom Berufsverbot betroffenen jüdischen Musiker und Schauspieler Auftrittsmöglichkeiten vor jüdischem Publikum organisierte.
17.9.1933	Gründung der „Reichsvertretung der deutschen Juden", die 1939 in „Reichsvereinigung der Juden in Deutschland" umbenannt werden musste, da es nach nationalsozialistischer Anschauung keine „deutschen Juden" geben konnte. Dieser Dachverband der jüdischen Gemeinden beschwichtigte seine Mitglieder zunächst mit der Parole: „Jeder bleibt auf seinem Posten." In den folgenden Jahren baute die „Reichsvereinigung" ein jüdisches Schulwesen auf und gründete verschiedene Hilfsorganisationen.
15.9.1935	Die so genannten „Nürnberger Gesetze" wurden vom Reichsparteitag der NSDAP verabschiedet. Für die Definition und Klassifizierung von „Juden", die bis in Bruchstellen festlegte, wieviel „Jude" jemand sei, bediente man sich rassistischer und pseudobiologischer Kriterien. Das „Reichsbürgergesetz" entzog jüdischen Menschen ihre politischen und staatsbürgerlichen Rechte. Das „Gesetz zum Schutz des deutschen Blutes und der deutschen Ehre" diente der Diskriminierung und Diffamierung einer angeblichen „jüdischen Rasse". Etwa 2000 Pro-

	zesse wurden mit der Anklage der so genannten „Rassenschande" in den Folgejahren geführt.
28.3.1938	Den jüdischen Gemeinden wurde der Status einer Körperschaft des öffentlichen Rechts abgesprochen. Sie wurden nur noch als private Organisationen behandelt.
5.10.1938	Reisepässe deutscher Juden wurden ab sofort mit einem „J" gekennzeichnet.
27./28.10.1938	In der so genannten „Polenaktion" wurden etwa 18 000 aus Polen stammende Juden verhaftet und nach Polen abgeschoben.
9./10.11.1938	Als angebliche „Vergeltung" für das Attentat auf den Legationssekretär Ernst vom Rath, einen Mitarbeiter der deutschen Botschaft in Paris, durch den 17-jährigen polnischen Juden Herschel Grynszpan rief Goebbels zu einem landesweiten „spontanen" Pogrom auf, der von den Nationalsozialisten beschönigend „Reichskristallnacht" genannt wurde. In dieser Nacht wurden 191 Synagogen durch Brandstiftung zerstört und weitere 76 verwüstet. In den Folgetagen wurden über 20 000 jüdische Bürger verhaftet und zum großen Teil in Konzentrationslagern interniert. Die Jüdischen Gemeinden mussten die Schäden beseitigen und ein Strafgeld in Höhe von einer Milliarde Reichsmark aufbringen.
1939	In Berlin lebten noch circa 80 000 Juden. Die Auswanderung deutscher Juden war auf ihrem Höhepunkt angelangt. Ungefähr 90 000 Juden aus Berlin gelang bis 1941 die Emigration.
Dezember 1939	Auflösung der Adass-Jisroel-Gemeinde durch die Gestapo.
15.9.1941	Einführung des gelben Sterns zur Kennzeichnung von Juden.
18.10.1941	Mit der ersten Deportation aus Berlin begann der systematische Völkermord an den deutschen Juden. In insgesamt 63 Transporten wurden bis Kriegsende 55 000 Berliner Juden deportiert.

20.1.1942	In der Wannseekonferenz wurde die so genannte „Endlösung der Judenfrage" beschlossen und ihre Durchführung logistisch geplant. Zu dieser Zeit lebten in Berlin noch 58 637 Juden.
18.5.1942	Brandanschlag der jüdisch-kommunistischen Widerstandsgruppe um Herbert Baum auf die Propaganda-Ausstellung „Das Sowjet-Paradies" im Berliner Lustgarten. Fast alle Mitglieder der Gruppe wurden nach Denunziation kurz darauf verhaftet und in Plötzensee hingerichtet. Bei Vergeltungsaktionen der Nationalsozialisten wurden weitere 500 Juden aus Berlin ermordet.
7.7.1942	Schließung aller jüdischen Schulen und Bildungseinrichtungen.
28.1.1943	Auflösung der Berliner Jüdischen Gemeinde.
27.2.1943	In der so genannten „Fabrikaktion" wurden jüdische Zwangsarbeiter an ihren Arbeitsplätzen verhaftet und in Sammellagern gefangen gehalten. Sie sollten in die Massenvernichtungslager im Osten deportiert werden. Dagegen protestierten hunderte „arische" Ehefrauen und Mütter in einer spontanen Demonstration vor dem Sammellager in der Rosenstraße und erreichten schließlich die Freilassung ihrer Männer und Söhne.
10.6.1943	Auflösung der „Reichsvereinigung der Juden in Deutschland", Beschlagnahme ihres Restvermögens und Deportation der letzten Mitarbeiter.
1943	Zerstörung des Friedhofs Große Hamburger Straße durch die Gestapo.
März 1945	Der letzte Deportationszug verließ Berlin.

Vom Neuanfang jüdischen Lebens in Berlin bis zum Zusammenbruch der DDR

Mai 1945	Nur etwa 6500 Berliner Juden hatten in so genannten „Mischehen", im Jüdischen Krankenhaus im Wedding, auf dem Jüdischen Friedhof Weißensee oder in der Illegalität überlebt. Nur knapp 2000

kehrten aus den Konzentrationslagern nach Berlin zurück. Aus Osteuropa zogen etwa 200 000 Juden nach Deutschland. Sie wurden als „Displaced Persons" in Flüchtlingslagern, die von den Amerikanern eingerichtet wurden, untergebracht. Für die meisten waren diese Lager als Zwischenstation auf dem Weg nach Israel oder in die USA gedacht. Doch blieben einige tausend von ihnen in Deutschland, zunächst noch auf gepackten Koffern, dann aber doch mit dem Willen zu bleiben. Erste jüdische Gottesdienste fanden wieder in Berlin statt.

20.12.1945 Die neue jüdische Gemeindeverwaltung in Berlin unter Dr. Hans-Erich Fabian begann offiziell mit ihrer Arbeit. Die Gemeinde unterschied sich durch die Dominanz der zugewanderten, zumeist strenggläubigen osteuropäischen Juden stark von der eher liberalen Vorkriegsgemeinde.

Februar 1946 Wiederanerkennung der Jüdischen Gemeinde als Körperschaft des öffentlichen Rechts.

1949 Heinz Galinski wurde Vorsitzender der Jüdischen Gemeinde zu Berlin, was er – von 1953 bis 1989 nur für den Westteil der Stadt – bis zu seinem Tode am 19. Juli 1992 blieb.

9.12.1952 Der Verband Jüdischer Gemeinden der DDR wurde als Körperschaft öffentlichen Rechts von der DDR anerkannt.

19.1.1953 Nach massiven antisemitischen Verfolgungen in der Sowjetunion und in der Folge auch in der DDR flohen Julius Meyer, der Vorsitzende der Ost-Berliner Gemeinde, und die Vorsitzenden der Gemeinden Leipzig, Dresden und Erfurt nach West-Berlin. Galinski zog ebenfalls mit dem größten Teil der Gemeindeverwaltung in den Westteil der Stadt. Allein bis Ende März 1953 wurden in der West-Berliner Gemeinde 556 jüdische Flüchtlinge aus der DDR registriert. Die organisatorische Trennung in eine

West- und eine Ost-Berliner Gemeinde wurde vollzogen.

November 1955 Die Eröffnung eines eigenen jüdischen Friedhofs in
der Heerstraße (Charlottenburg) machte die West-
Berliner Gemeinde unabhängig vom Friedhof in
Weißensee.

27.9.1959 Einweihung des Jüdischen Gemeindehauses in der
Charlottenburger Fasanenstraße. In diesem Zentrum jüdischen Lebens manifestierte sich die Entwicklung von einer „Auflösungsgemeinde" zu einer
bleibenden, auf Dauer angelegten Einrichtung in
West-Berlin.

1962 Gründung der Jüdischen Volksschule in der Fasanenstraße.

1963 Der Verband Jüdischer Gemeinden der DDR wurde
aus dem Zentralrat der Juden in Deutschland ausgeschlossen.

1.1.1971 Zwischen der Jüdischen Gemeinde zu Berlin (West)
und dem Senat von Berlin wurde eine „Vereinbarung
zur Regelung gemeinsam interessierender Fragen"
geschlossen.

10.9.1971 Der 300. Jahrestag der Gründung der Jüdischen
Gemeinde zu Berlin wurde in einem Festakt begangen.

1977 Eröffnung der jüdischen Gemeindebibliothek in
Ost-Berlin.

1981 Errichtung des Jeanette-Wolff-Seniorenheims und
des Leo-Baeck-Altenwohnheims in Berlin-Charlotten-
burg.

26.6.1986 Wiedereröffnung des restaurierten Friedhofs von
Adass-Jisroel in Weißensee nach langwierigen Ver-
handlungen zwischen Regierungsvertretern der
DDR und Nachfahren der Gemeinde.

4.7.1988 Gründung der „Stiftung Neue Synagoge Berlin –
Centrum Judaicum". Die Ost-Berliner Gemeinde
zählte nur noch knapp 200 Mitglieder. Aus außen-
politischen Gründen startete die DDR-Regierung

eine Kampagne zur Förderung jüdischer Institutionen. Die West-Berliner Gemeinde zählte etwa 6000 Mitglieder und war wieder die größte jüdische Gemeinde in Deutschland.

9.11.1988   In beiden Berliner Gemeinden wurde in Festakten und mit Ausstellungen des 50sten Jahrestages der Pogromnacht von 1938 gedacht.

18.12.1989   Wiederanerkennung von Adass-Jisroel durch die DDR-Regierung auf Initiative von Mario Offenberg, dem Nachfahren eines früheren Gemeindemitglieds.

Der Aufschwung jüdischen Gemeindelebens seit der deutschen Wiedervereinigung

1990   Vereinigung der beiden Jüdischen Gemeinden Berlins.

1991   Die Bundesregierung billigte Juden aus den GUS-Staaten Flüchtlingsstatus zu. Seitdem wanderten über 50 000 Juden in Deutschland ein. Die Anzahl der Gemeindemitglieder in Berlin verdoppelte sich bis 1997 auf etwa 11 000.

26.8.1992   Nach dem Tod Galinskis wurde der 71-jährige Jerzy Kanal zum neuen Vorsitzenden der Jüdischen Gemeinde zu Berlin gewählt.

6.8.1993   Gründung der Jüdischen Realschule und des jüdischen Gymnasiums in der Großen Hamburger Straße.

1994   In Deutschland wurden in diesem Jahr 1366 antisemitische Straftaten registriert – trauriger Höhepunkt der Eskalation rechtsradikaler Tendenzen seit der deutschen Wiedervereinigung. Durch den Druck der Öffentlichkeit und auch des ausländischen Medienechos wurden die strafrechtlichen Maßnahmen verschärft.

7.5.1995   Neueinweihung der teilweise wieder aufgebauten und rekonstruierten Neuen Synagoge in der Oranienburger Straße.

15.9.1995	Einweihung der neu erbautenHeinz-Galinski-Schule, einer jüdischen Grundschule in Berlin-Charlottenburg.
Juni 1997	Andreas Nachama wurde zum neuen Vorsitzenden der Jüdischen Gemeinde zu Berlin gewählt. Zum ersten Mal bekleidet mit ihm jemand dieses Amt, der nach der Schoa geboren wurde. Die großen Spannungen innerhalb der Gemeinde zwischen Konservativen und Reformern, zwischen den deutsch- und den russischsprachigen Mitgliedern, aber auch zwischen der Einheitsgemeinde und Adass-Jisroel werden vom neuen Vorstand moderiert und schrittweise abgebaut.
15.6.1997	Erstes Jüdisches Straßenfest in der Oranienburger Straße.
15.10.1997	Nach langjährigen Prozessen in verschiedenen Instanzen wurde die Adass-Jisroel-Gemeinde vom Bundesverwaltungsgericht als Körperschaft des öffentlichen Rechts anerkannt. Sie ist damit eine selbständige Jüdische Gemeinde, die in der Kontinuität der 1885 gegründeten Seperatgemeinde steht und unabhängig von der Berliner Einheitsgemeinde existiert. Die Anerkennung durch die DDR-Regierung im Dezember 1989 und die Rückübertragung von Liegenschaften bleiben gültig.
1998	Allein in diesem Jahr wurden in Berlin 106 antisemitische Straftaten registriert. Das Spektrum reicht dabei von hasserfüllten Schmähschreiben und offenen Todesdrohungen gegenüber prominenten Juden dieser Stadt bis hin zu Schändungen und Zerstörungen von Gräbern, Mahnmalen und Gemeindeeinrichtungen.
Januar 1999	Fertigstellung des von Daniel Libeskind entworfenen Jüdischen Museums in Berlin-Kreuzberg, das durch öffentliche Führungen sofort zum Publikumsmagneten wird.

25.6.1999   Der Deutsche Bundestag beschließt, das „Denkmal
                   für die ermordeten Juden Europas" nach dem Ent-
                   wurf von Peter Eisenman zu errichten.

Die Jüdische Gemeinde zu Berlin ist eine Körperschaft des öffentlichen
Rechts und zugleich ein anerkannter unabhängiger Spitzenverband der
Freien Wohlfahrtspflege. Sie ist mit ungefähr 12 000 Mitgliedern die
größte jüdische Gemeinde Deutschlands. Der Haushalt der Gemeinde
setzt sich aus Gemeindesteuerbeträgen, Spenden, Leistungsentgelten
und öffentlichen Zuschüssen zusammen.

Jüdische Persönlichkeiten in Berlin

MOSES MENDELSSOHN UND NACHFAHREN

Moses Mendelssohn wurde am 6. September 1729 als Sohn eines armen Toraschreibers in Dessau geboren. Er kam im Jahre 1743 als 14-jähriger „Unvergleiteter", das heißt ohne rechtlichen Schutz, zu Fuß nach Berlin. Als der mittellose Jude am Rosenthaler Tor Einlass begehrte, antwortete er auf die Frage, was er denn in Berlin wolle: „Lernen!" Er folgte seinem Lehrer **David Fränkel** (1707–1762), der von 1743 bis 1762 Oberrabbiner von Berlin war. Aufgrund einer Wirbelsäulenverkrümmung war Mendelssohn zeitlebens verwachsen, was er gern auf seine Maimonides-Studien zurückführte. Eine Anstellung, zunächst als Hauslehrer, später als Buchhalter und sogar Kompagnon, fand er bei dem Seidenfabrikanten **Isaak Bernhard** (gestorben 1768). In jahrelangem Selbststudium lernte er anfangs Deutsch, Französisch, Englisch, Latein und Griechisch, anschließend Philosophie und Mathematik. Er übersetzte die fünf Bücher Mose und die Psalmen, aber auch den „Phaidon" des griechischen Philosophen Platon ins Deutsche. Von seinen Zeitgenossen wurde Mendelssohn häufig mit Sokrates, der weisen Hauptgestalt der platonischen Dialoge, verglichen und als „jüdischer Sokrates" verehrt. Ab 1754 verband ihn eine innige Freundschaft mit **Gotthold Ephraim Lessing** (1729–1781), der ihm mit der Titelfigur seines Dramas „Nathan der Weise" ein Denkmal gesetzt hat. Er war zusammen mit Lessing und **Friedrich Nicolai** (1733–1811) Mitarbeiter und Herausgeber der „Briefe die Neueste Litteratur betreffend". In seiner Auseinandersetzung mit dem Züricher Pfarrer Johann Caspar Lavater (1741–1801), der ihn öffentlich zum Übertritt zum Christentum aufforderte, verteidigte Mendelssohn sein Festhalten an der jüdischen Religion. Sein religionsphilosophisches Hauptwerk erschien im Jahre 1783 unter dem Titel „Jerusalem, oder über religiöse Macht und Judentum". Darin setzte er sich mit dem Verhältnis von Staat und Religionsgemeinschaft auseinander und trat für Denk-, Glaubens- und Gewissensfreiheit, für Rechtsgleichheit und religiöse Toleranz ein.

Auf einer Reise nach Hamburg lernte Moses Mendelssohn **Fromet Guggenheim** (1737–1812) kennen, die er im Jahre 1762 heiratete. Diese für die damaligen Verhältnisse eher ungewöhnliche Liebesbeziehung fand ihren heute noch lesenswerten literarischen Niederschlag in den „Brautbriefen". Um für seine Frau das Recht auf Niederlassung in Berlin zu erwirken, benötigte Mendelssohn einen Schutzbrief, um den er in einem Schreiben an Friedrich II. bat. Darin schrieb er unter anderem: „Ich habe seit meiner Kindheit beständig in Ewr. Majestät Staaten gelebt, und wünsche, mich auf immer in denselben niederlassen zu können. Da ich aber ein Ausländer bin, und das nach dem Reglement erforderliche Vermögen nicht besitze, so erkühne ich mich allerunterthänigst, zu bitten, Ew. Königliche Majestät wollen allergnädigst geruhen, mir mit meinen Nachkommen Dero allerhöchsten Schutz neben den Freyheiten, die Dero Unterthanen zu geniessen haben, angedeihen zu lassen, in Betrachtung, dass ich den Abgang an Vermögen, durch meine Bemühungen in den Wissenschaften ersetze, die sich Ew. Maj. Protektion vorzüglicher Weise zu erfreuen haben." Ihm wurde schließlich der Status eines „außerordentlichen Schutzjuden" verliehen, der aber nur für ihn Gültigkeit besaß. Seine Witwe und seine Kinder hätten nach seinem Tod kein Aufenthaltsrecht mehr gehabt. Doch vom preußischen König Friedrich Wilhelm II. empfing schließlich die ganze Familie ein Generalprivileg. Die Eheleute bezogen ein Haus in der Spandauer Straße 68. Fromet Mendelssohn erwarb dieses Haus nach dem Tod ihres Gatten von Rösel Meyer, einer Tochter von Veitel Heine Ephraim. Mendelssohns Sohn Joseph eröffnete darin im Jahre 1795 eine Bank. Das Gebäude wurde bereits bei einer Verbreiterung der Straße in der Kaiserzeit abgerissen.

Friedrich Nicolai hat eine Begebenheit überliefert, die sich 1771 zutrug. Der preußische König Friedrich II. bat Moses Mendelssohn, ihn an einem jüdischen Feiertag in Potsdam zu besuchen. Von den Gemeinderabbinern erhielt Mendelssohn die Erlaubnis, am jüdischen Ruhetag nach Potsdam zu fahren, wobei er die jeweiligen Stadtgrenzen zu Fuß passieren sollte. Am Stadttor zu Potsdam angekommen, zeigte er den königlichen Geleitbrief, der für den „berühmten Mendelssohn" ausge-

Relief von Moses Mendelsohn an der ehemaligen Jüdischen Freischule

stellt war. Als der Wachoffizier nach den Gründen für seine Berühmtheit fragte, antwortete Mendelssohn: „Ich spiele aus der Tasche." Diese Examensszene wurde auch von Daniel Chodowiecki gezeichnet.

Von Mendelssohns letzten Lebenstagen und seinem Tod am 4. Januar 1786 hat der Arzt, Schüler und Freund Marcus Herz in einem bewegenden Bericht Zeugnis gegeben. Mendelssohn wurde auf dem Jüdischen Friedhof in der Großen Hamburger Straße begraben.

Seine Tochter Brendel Mendelssohn (1763–1839) heiratete den Bankier Simon Veit (1754–1819), mit dem sie zwei Kinder hatte. Nachdem sie im Sommer 1797 im Salon von Henriette Herz den romantischen Dichter und Philosophen Friedrich Schlegel (1772–1829) kennen gelernt hatte, ließ sie sich scheiden. Schlegel verarbeitete diese Erfahrungen in seinem Roman „Lucinde", der in der bürgerlichen Gesellschaft einiges Aufsehen erregte. Nach ihrem Übertritt zum evangelischen Glauben und der Heirat mit Schlegel nannte Brendel Mendelssohn sich **Dorothea Schlegel**. Das Ehepaar wechselte 1808 gemeinsam zum Katholizismus über. Berühmt geworden ist der von ihr geführte Berliner Salon. Ihre beiden Kinder aus erster Ehe, Philipp (1793–1877) und Johannes Veit (1790–1854), die sich ebenfalls taufen ließen, wurden Maler in Rom und gehörten zur Schule der Nazarener.

Moses Mendelssohns ältester Sohn **Joseph Mendelssohn** (1770 bis 1848) gründete zusammen mit seinem Bruder Abraham im Jahre 1804 das Bankhaus J. & A. Mendelssohn. Für einige Jahre zogen die Brüder aus geschäftlichen Gründen nach Hamburg und kehrten erst 1811 nach Berlin zurück. Ab 1815 befand sich der Sitz der Bank in der Jägerstraße 51. Joseph Mendelssohn hatte dieses Gebäude für 70 000 Taler erworben. Das Bankhaus war nach den Napoleonischen Kriegen an der Abwicklung der französischen Reparationszahlungen beteiligt.

Joseph Mendelssohn war mit Alexander von Humboldt befreundet. Als diesem von seinem Vermieter gekündigt wurde, kaufte der Bankier kurzerhand das Haus, und Humboldt konnte bleiben. Er gründete schon 1792 mit Gleichgesinnten die philantropische „Gesellschaft der Freunde", die in Notfällen Hilfe leistete. Joseph Mendelssohn und seine Schwester Recha Meyer (1766–1831) waren die einzigen Kinder von Moses Mendelssohn, die nicht zum Christentum konvertierten.

Berliner Haskala

Haskala ist der hebräische Begriff für Aufklärung. Diese geistige Bewegung, die in den Kontext der europäischen, besonders der deutschen Aufklärung eingebunden war, nahm ihren Anfang in der zweiten Hälfte des 18. Jahrhunderts. Ihre Vertreter versuchten, die Grenzen der jüdischen Tradition aufzubrechen, indem sie nach europäischer, das heißt antiker und christlicher, Bildung strebten und sich in weltlichen Wissenschaften fortbildeten. Die Freiheit des Willens, die Rationalität menschlicher Handlungen und Welterklärungen sowie die bürgerliche Emanzipation der Juden gehörten zu ihren Hauptforderungen.

Moses Mendelssohn gilt als der Vater der Haskala, die für ungefähr 100 Jahre vor allem in Berlin ihr Zentrum hatte. Er zeigte mit seinen Schriften und seinem Leben wegweisend die Möglichkeit, eine jüdische Identität zu bewahren und zugleich an der Kultur der Umwelt nicht nur teilzuhaben, sondern sie auch zu gestalten. Der moderne Jude sollte sich in Sprache, Bildung und Kleidung an die christliche Umwelt anpassen und im Gegenzug die volle bürgerliche Gleichberechtigung erhalten. Mendelssohn versuchte in zahlreichen Auseinandersetzungen sowohl mit orthodoxen Rabbinern als auch mit christlichen Eiferern, wie z. B. Lavater, nachzuweisen, dass die jüdische Religion durchaus vereinbar mit diesem Programm sei. Zu seinen bekanntesten Schülern zählten Naphtali Herz Wessely (1725–1805), Marcus Herz (1747–1803), David Friedländer (1750–1834) und Salomon Maimon (1753–1800). Aus der Haskala gingen wesentliche Entwicklungen des modernen Judentums wie die Wissenschaft des Judentums, das Reformjudentum, die Neo-Orthodoxie und die Erneuerung der hebräischen Sprache und Literatur hervor. Aber auch radikale Assimilation an die christliche Umwelt bis hin zur Aufgabe der jüdischen Religionszugehörigkeit durch Taufe gehörten zu den (ungewollten) Folgen der Haskala. Eine kulturelle Blüte dieser Entwicklung stellten sicherlich die berühmten Berliner Salons dar, in denen getaufte Jüdinnen wie Rahel Varnhagen (1771–1833), Dorothea Schlegel (1763–1839) und Henriette Herz (1764–1847) die literarische und künstlerische Elite der preußischen Hauptstadt um sich versammelten.

Abraham Mendelssohn (1776–1835), der 1821 aus dem gemeinsamen Bankgeschäft ausschied, nannte sich nach seinem Übertritt zum Protestantismus im Jahre 1822 Mendelssohn-Bartholdy, nach der Bartholdy'schen Meierei. Dieses Anwesen befand sich an der Köpenicker Straße 185–186, in der Nähe des Schlesischen Tores, und wurde schon im Jahre 1771 von Daniel Itzig, dem Großvater von Abraham Mendelssohns Ehefrau Lea Salomon (1772–1842), erworben. Heute erinnert nur noch eine Gedenktafel und eine Brandmauerbemalung an das Landgut und seine einstigen Besitzer. Im Jahre 1825 kaufte Abraham Mendelssohn ein Haus mit Garten, Gartenhaus und Festsaal in der Leipziger Straße 3. Heute befinden sich auf diesem Grundstück der preußische Landtag, in dem das neue Berliner Abgeordnetenhaus untergebracht ist, sowie das preußische Herrenhaus, das derzeit von der Akademie der Wissenschaften genutzt wird.

In den Jahren von 1825 bis 1835 wirkte Abraham Mendelssohn als unbesoldeter Stadtrat. Seine Kinder sind die erst in jüngster Zeit als Komponistin wieder entdeckte **Fanny Hensel** (1805–1847) und der Dirigent und Komponist **Felix Mendelssohn Bartholdy** (1809–1847), die beide schon im Jahre 1816 getauft wurden und auf dem Friedhof der Jerusalems- und Neuen Kirchengemeinde am Mehringdamm 21 (Kreuzberg) begraben liegen.

MARCUS UND HENRIETTE HERZ

Marcus Herz wurde 1747 als Sohn eines Toraschreibers in Berlin geboren. Im Ephraimschen Stift wurde er zunächst streng talmudisch ausgebildet. Er ging mit 15 Jahren nach Königsberg, wo er zunächst eine Kaufmannslehre begann, dann aber ab 1766 an der dortigen Universität Medizin und Philosophie studierte. Finanzielle Unterstützung erfuhr der mittellose Herz besonders durch Moses Friedländer, mit dessen Sohn David ihn eine lebenslange Freundschaft verband. Er wurde der Lieblingsschüler von Immanuel Kant und durfte sogar dessen Inaugural-Dissertation öffentlich verteidigen.

Im Jahre 1770 kehrte er nach Berlin zurück und fand im Kreis von Moses Mendelssohn Aufnahme. Er beendete sein Medizinstudium in Halle (Saale) und war ab 1774 Arzt, später sogar Leiter des Jüdischen Krankenhauses in Berlin. Herz wurde als einer der besten Ärzte seiner Zeit angesehen. Ab 1777 hielt Herz in seinem Haus Privatvorlesungen über Philosophie und experimentelle Physik. Unter den prominenten Zuhörern befanden sich auch Mitglieder der königlichen Familie. Im Jahre 1787 verlieh ihm der preußische König Friedrich Wilhelm II. den Titel eines königlich preußischen Professors der Philosophie, der mit einer lebenslangen Rente verbunden war. Die Aufnahme in die Königlich Preußische Akademie der Wissenschaften wurde ihm allerdings – wie schon Mendelssohn vor ihm – aufgrund seiner jüdischen Religionszugehörigkeit verwehrt.

Herz verfasste zahlreiche philosophische und medizinische Aufsätze. So wandte er sich beispielsweise gegen den jüdischen Brauch der raschen Beerdigung, wobei er mit der damals häufig diskutierten Möglichkeit des Scheintodes argumentierte. Auf diese Weise regte er innerjüdische Reformen an. Er selbst wurde nach seinem Tod im Jahre 1803 auf dem Friedhof in der Großen Hamburger Straße begraben. Von seinem Grab ist nach den Verwüstungen durch die Nationalsozialisten nichts mehr erhalten.

Marcus Herz heiratete die 17 Jahre jüngere **Henriette de Lemos**, die aus einer jüdisch-portugiesischen Familie aus Hamburg stammte und als schöne und geistvolle Frau bekannt war. Sie unterhielt einen eigenen schöngeistigen Salon in der mit ihrem Ehemann 1779 bezogenen Wohnung in der Neuen Friedrichstraße 22, etwa an der heutigen Rathausstraße in Mitte, von der allerdings nichts mehr zu sehen ist. Der Salon wurde bald zu einem der gesellschaftlichen Mittelpunkte der preußischen Hauptstadt, an dem die aufgeklärten Geister der Stadt – unter ihnen die Brüder Wilhelm und Alexander von Humboldt, Johann Gottfried Schadow, Jean Paul und Friedrich Schleiermacher – zusammenkamen. Hier lernte auch Brendel Veit Friedrich Schlegel kennen und Henriette Herz lehrte ihrem Bewunderer Wilhelm von Humboldt die hebräische Sprache. Unter dem Einfluss von Schleiermacher ließ sie sich nach dem Tod ihrer Mutter, im Jahre 1817, taufen. Die 1847 verstorbene Henriette Herz wurde auf dem Friedhof der Jerusalems- und der Neuen Kirchengemeinde am Mehringdamm 21 (Kreuzberg) begraben.

DAVID FRIEDLÄNDER

David Friedländer wurde 1750 in Königsberg geboren. Sein Vater war der reiche Kaufmann Joachim Moses. Friedländer kam zusammen mit seinem Freund Marcus Herz im Jahre 1770 nach Berlin und verkehrte im Hause von Moses Mendelssohn, dessen Ideen er begeistert aufgriff und weiterentwickelte. So übersetzte er das traditionelle Gebetbuch in die deutsche Sprache, ohne jedoch dessen Inhalt anzutasten. Gleichwohl lehnten die Rabbiner seine Übersetzung ab, denn Friedländer wollte gerade auf diese Weise zeigen, welche überlieferten Gebete in seiner Zeit unsinnig geworden waren. Als Wegbereiter des Reformjudentums und Anhänger der natürlichen Religion folgte er auch nicht mehr streng dem Religionsgesetz. Friedländer schlug noch 1799 in der anonym publizierten Schrift „Sendschreiben an Oberkonsistorialrat Teller" vor, dass ein Teil der jüdischen Gemeinde zum Christentum übertreten solle, fand dafür aber keinerlei Zustimmung und verzichtete auch selbst auf diesen Schritt.

Nachdem er 1772 Blümchen Itzig, die Tochter des Hofbankiers Daniel Itzig, geheiratet und 1776 eine Seidenfabrik eröffnet hatte, gehörte er zu den wohlhabendsten Unternehmern Berlins. Zusammen mit seinem Schwager Isaak Daniel Itzig gründete er im Jahre 1778 die Jüdische Freischule, die er 20 Jahre lang leitete. Er verfasste eigens für diese Schule ein „Lesebuch für jüdische Kinder", das 1780 in Berlin erschien. Hierin wurden neben der hebräischen Sprache und Schrift sowie Lesetexten aus der jüdischen Tradition auch das deutsche Alphabet und deutsche Gedichte vermittelt. Als erster Jude überhaupt wurde er 1809 zum Stadtrat in die Berliner Abgeordnetenversammlung gewählt. Er starb im Jahre 1834 und liegt auf dem Friedhof Große Hamburger Straße begraben.

LEOPOLD ZUNZ

Der Begründer der Wissenschaft des Judentums wurde 1794 als Jom Tow Lipmann im westfälischen Detmold geboren. Von 1815 bis 1819 studierte Zunz an der Universität Berlin, und im Jahre 1819 gründete er zusammen mit Eduard Gans den „Verein für Cultur und Wissenschaft der Juden", aus dem sich später die Wissenschaft des Judentums entwickelte.

Im Jahre 1821 erwarb Zunz an der Universität Halle (Saale) den Doktorgrad in Philosophie. Er gab die „Zeitschrift für die Wissenschaft des Judentums" heraus und arbeitete von 1824 bis 1831 im Herausgeberkreis der „Haude und Spenerschen Zeitung". In diesen Jahren leitete er zunächst die Jüdische Gemeindeschule, später auch das jüdische Lehrerseminar. Zunz Schriften und Predigten beeinflussten das Reformjudentum. Sein Lebensziel war die Einrichtung eines Lehrstuhls für die Wissenschaft des Judentums an einer deutschen Universität. Nach der 1848er Revolution wurde seine hoffnungsvolle Bitte an den preußischen Kulturminister allerdings mit der vordergründigen Erklärung abgelehnt, dass dies den Emanzipationsbestrebungen der Juden zuwiderlaufen würde. Ab 1850 gewährte ihm die Jüdische Gemeinde Berlins eine lebenslange Rente. Er widmete sich fortan seinen Studien, besonders der hebräischen Liturgie und Synagogal-Poesie. Zunz starb im Jahre 1886 und wurde auf dem Friedhof in der Schönhauser Allee begraben.

GIACOMO MEYERBEER

Der Komponist Jakob Liebmann Meyer Beer – ab 1810 nannte er sich Giacomo Meyerbeer – wurde 1791 in Vogelsdorf bei Berlin als Sohn einer wohlhabenden jüdischen Kaufmannsfamilie geboren. Sein Vater hatte es durch seine Zuckerfabriken zum reichsten Bürger Berlins gebracht. Der Reichtum wurde, besonders durch das Engagement seiner Mutter Amalia Beer (1772–1854), für vielfältige karitative Zwecke genutzt. Die Familie wohnte zunächst in der Spandauer Straße 72 und später in Tiergarten. Schon mit elf Jahren trat Giacomo Meyerbeer öffentlich als Pianist auf. Ab 1805 studierte er bei Carl Friedrich Zelter, der unter anderem den „König von Thule" aus Goethes „Faust" vertont hat, Komposition. Nach einem fast zehnjährigen Italienaufenthalt verbrachte Meyerbeer ab 1825 den größten Teil des Jahres in Paris, wo er mit seinen aufwendig inszenierten Opern wahre Triumphe feierte. Im Jahre 1832 wurde er dort zum Akademiemitglied und Ritter der Ehrenlegion ernannt. Von seinen Opern, die zumeist auf historische Ereignisse zurückgreifen, gehören „Die Hugenotten" und „Die Afrikanerin" noch heute zum Repertoire. Ab 1842 wirkte Meyerbeer als Generalmusikdirektor der Berliner Oper und wohnte am Pariser Platz 6a am Brandenburger

Tor. Dass sich Meyerbeer für die Aufführung der Opern „Rienzi" und „Der fliegende Holländer" des damals erfolglosen Richard Wagner einsetzte, dankte ihm dieser nicht. Enttäuscht von der 1848er Revolution, formulierte Wagner 1850 in seiner Hetzschrift „Das Judentum in der Musik" heftige antisemitische Angriffe. Der 1864 in Paris verstorbene Meyerbeer wurde auf eigenen Wunsch auf dem Friedhof Schönhauser Allee begraben. In einem prächtigen Trauerzug mit militärischen Ehrenbezeigungen wurde der Sarg feierlich von Paris nach Berlin überführt. Die Beerdigung fand unter Anwesenheit der königlichen Familie und zahlloser Bürger statt.

LOUIS LEWANDOWSKI

Louis Lewandowski gilt als einer der Begründer der modernen Synagogalmusik. Er wurde 1821 in Wreschen (Posen) geboren und kam völlig mittellos mit zwölf Jahren zu Fuß nach Berlin, wo er zunächst als Chorsänger angestellt wurde. Als erster Jude überhaupt wurde er von der Akademie der Künste als Schüler aufgenommen. Lewandowski komponierte neben Orgel- und Chormusik die Liturgie des liberalen Ritus und war damit maßgeblich an der Entwicklung und Durchsetzung des Reformjudentums beteiligt. Im Jahre 1840 wurde der noch nicht 20-Jährige Dirigent des Chores in der Synagoge in der Heidereutergasse; 1866 wurde Lewandowski an die Neue Synagoge in der Oranienburger Straße verpflichtet. Zugleich wirkte er als Gesanglehrer an der Jüdischen Freischule. In Anerkennung seines kompositorischen Schaffens wurde er aus Anlass seiner 25-jährigen Amtszeit zum Königlichen Musikdirektor ernannt. Zum 50. Amtsjubiläum erhielt er von der Akademie der Künste den Titel eines Professors. Der im Jahre 1894 Verstorbene wurde in der Ehrenreihe auf dem Friedhof Weißensee begraben.

GERSON VON BLEICHRÖDER

Gerson von Bleichröder wurde 1822 als Sohn des Bankiers Samuel Bleichröder in Berlin geboren. Mit 17 Jahren stieg er in das väterliche Bankhaus ein, das sich in der Behrenstraße 62/63 (Mitte) befand. Bleichröder war ab 1859 der persönliche Finanzberater und Vertraute Otto von Bismarcks und Hofbankier Wilhelms II. Er finanzierte den Krieg Preußens gegen Österreich 1866 und war nach dem deutsch-französischen Krieg 1870/71 verantwortlich für die französischen Reparationszahlungen von fünf Milliarden Goldmark an Deutschland. Für seine Verdienste wurde er auf Vorschlag Bismarcks im Jahre 1872 als erster nichtgetaufter Jude in Preußen in den erblichen Adelsstand erhoben. Aufgrund seines politischen Einflusses und seines Reichtums wurde er häufig von Antisemiten angegriffen.

Er bemühte sich besonders um die Verbesserung der Lage der rumänischen Juden. Bleichröder gehörte der Repräsentantenversammlung und zeitweise auch dem Vorstand der jüdischen Gemeinde an. Er bewohnte eine Villa in der Stauffenbergstraße 39 (ehemalige Bendlerstraße) in Tiergarten. In der Breiten Straße 33 (Pankow) ließ die Familie Bleichröder einen Park mit zwei heute noch zu sehenden Häusern anlegen. Als er 1893 starb, hinterließ Bleichröder drei Söhne, die allesamt das Judentum verließen und das Bankhaus fortführten, bis es im Jahre 1938 von den Nationalsozialisten „arisiert" wurde. Die Inschrift auf seinem Grabstein auf dem Friedhof Schönhauser Allee lautet gleichsam biblisch: „Er war ein Mann, eine Zuflucht im Sturme, ein Schirm im Gewitter, wie Wasserbäche in der Dürre, wie der Schatten eines mächtigen Felsens auf dem verschmachteten Boden also wirkte er."

LEOPOLD ULLSTEIN

Der Verleger Leopold Ullstein wurde 1826 in Fürth geboren. Nachdem er zunächst als Papiergroßhändler gearbeitet hatte, gründete er im Jahre 1877 in Berlin einen Verlag, in dem die „Berliner Zeitung", die ab 1905 „B. Z. am Mittag" hieß, erschien. Von 1871 bis 1877 war er als Vertreter der Freisinnigen Partei Stadtverordneter. Im Jahre 1899 verstarb Leopold Ullstein und wurde auf dem Friedhof Schönhauser Allee begraben. Die seit 1898 erscheinende und bereits von seinen fünf Söhnen herausgegebene „Berliner Morgenpost" war zeitweilig die auflagenstärkste deutsche Tageszeitung. Im Jahre 1914 erwarb der Verlag auch die „Vossische Zeitung".

Am Mariendorfer Damm 1 (Tempelhof) befindet sich das sechs- bis

siebengeschossige Ullstein-Haus, in dem Verlagsdruckerei und Buchbin-
derei untergebracht waren, mit dem weithin sichtbaren, 77 Meter hohen
Turm. Das eindrückliche Beispiel expressionistischer Architektur wurde
in den Jahren 1925 bis 1927 nach Entwürfen von Eugen Schmohl erbaut.
Die tragende Konstruktion aus gegossenem Stahlbeton wurde mit rotem
Klinker, der reichlich plastischen Schmuck wie z. B. das Verlagssymbol
der Ullstein-Eule aufweist, verkleidet. Für die aufwendigen Steinmetz-
arbeiten wurden allein zehn Prozent der gesamten Baukosten verwendet.
Im Jahre 1934 enteigneten die Nationalsozialisten das Gebäude. Die
schweren Schäden des Zweiten Weltkrieges wurden Anfang der 50er
Jahre behoben. Nach der 1952 erfolgten Rückübertragung an die Familie
Ullstein wurde das Haus einige Jahre später zusammen mit dem Verlag
verkauft. Seit 1965 steht das Ullstein-Haus unter Denkmalschutz. Es
beherbergt bis heute Druckereien, aber auch das Geschäftshaus einer
Immobilienfirma und Einrichtungen des Bezirksamtes Tempelhof.

HERMANN TIETZ

Hermann Tietz wurde 1837 geboren. Erst 1882 legte er – gemeinsam
mit seinem Neffen **Oskar Tietz** (1858–1923) – mit einem kleinen Weiß-
warengeschäft in Gera den Grundstein für den späteren Warenhaus-
konzern. Mit niedrigen und zugleich festen Preisen, einem breiten Sortiment an Waren, geschickter Werbung und immer repräsentativeren
Kaufhäusern gelang der geschäftliche Durchbruch. Zur Jahrhundert-
wende wurde in der Leipziger Straße das erste Tietz-Warenhaus in Berlin eröffnet, dem bald zwei weitere, am Alexanderplatz und in der
Frankfurter Allee, folgten. Oskar Tietz übernahm nach dem Tode seines
Onkels im Jahre 1907 die Geschäftsleitung. Mit der Übernahme des
von dem Berliner Juden Adolf Jandorf (1870–1932) im gleichen Jahr
eröffneten „Kaufhaus des Westens" (KaDeWe) und aller weiteren Häuser dieser Gruppe wurde „Hermann Tietz" im Jahre 1926 zum größten
Kaufhauskonzern Europas. Der Konzern wurde von den Söhnen von
Oscar Tietz, Georg und Martin Tietz, und dem Schwiegersohn Dr. Hermann Hugo Zwillenberg bis zur zwangsweisen „Arisierung" im Jahr
1934 geleitet. Seitdem tragen die Warenhäuser den Namen „Hertie",
gebildet aus den drei ersten Buchstaben von Vor-und Zunamen des Fir-

mengründers. Das Erbbegräbnis der Familie Tietz befindet sich auf dem Jüdischen Friedhof Weißensee.

MAX LIEBERMANN

Der Maler Max Liebermann wurde 1847 als Sohn des Berliner Industriellen und Millionärs Louis Liebermann (1819–1894) geboren. Nach einem Kunststudium in Weimar gehörte er zu den Gründungsmitgliedern der Berliner Secession, die progressive Künstler versammelte. Seine Werke werden allgemein dem Impressionismus zugerechnet, ohne dass er sich selbst dieser Kunstströmung zugehörig fühlte. Liebermann, der besonders dem Kaiser missfiel und häufig Diffamierungen ausgesetzt war, sagte einmal: „Ich hatte zu viele Feinde. Ich bot ja auch drei Angriffsflächen: Ich war erstens Jude, zweitens reich und drittens hatte ich Talent. Eines davon hätte doch genügt." Im Jahre 1920 wurde er zum Präsidenten der Preußischen Akademie der Künste, der er seit 1898 angehörte, gewählt. Im Jahre 1927 wurde er zum Ehrenbürger Berlins und 1932 zum Ehrenpräsidenten der Akademie ernannt. Die Nationalsozialisten vertrieben ihn bereits am 2. Mai 1933 aus allen Ämtern, und seine Werke wurden aus allen deutschen Museen entfernt. Von Liebermann ist der für ihn typisch schnodderige Ausspruch „Ich kann gar nicht so viel essen, wie ich kotzen muss" überliefert, den er beim Anblick vorbeimarschierender SA äußerte. Er starb 1935, inzwischen gesellschaftlich isoliert, und wurde auf dem Jüdischen Friedhof Schönhauser Allee begraben. Seine Witwe Martha Liebermann wählte kurz vor der geplanten Deportation im Jahre 1943 den Freitod. Ihr wurde die Beisetzung neben ihrem Gatten verwehrt. Vom Friedhof in Weißensee wurde sie erst nach dem Krieg ins Familiengrab umgebettet.

Das im Zweiten Weltkrieg völlig zerstörte Haus Liebermann am Pariser Platz 7 neben dem Brandenburger Tor, in dem Liebermann bis zu seinem Tode lebte, wurde nach Plänen von Joseph Paul Kleihues „kritisch rekonstruiert". Liebermanns Vater hatte es im Jahre 1859 gekauft.

Liebermanns Sommerhaus, Am Großen Wannsee 42, das im Jahre 1909 Paul Baumgarten erbaute, soll in Zukunft ein Liebermann-Museum beherbergen. Im dazugehörigen Garten, von Alfred Lichtwark gestaltet, malte und zeichnete Liebermann unzählige Impressionen des reizvollen Wassergrundstücks. Nach seinem Tode wurde das Haus beschlagnahmt,

um erst von der Deutschen Reichspost und später als Krankenhaus genutzt zu werden. Zuletzt diente es als Vereinsheim von Tauchsportlern,
die sich erst nach langen Verhandlungen zu einem Grundstückstausch
bewegen ließen. Derzeit erinnert eine Gedenktafel am Straßenzaun sowie eine Inschrift unter dem Hausgiebel an den einstigen Bewohner.

JAMES HENRY SIMON

Der 1851 in Berlin geborene James Henry Simon war ein überaus erfolgreicher Bankier und Kaufmann. Als Teilhaber einer Baumwollfirma, die
sich bald zu einem der größten Textilunternehmen der Welt entwickelte,
wurde er einer der reichsten Männer Preußens. Trotzdem galt er als be-
scheiden, freundlich und zugänglich. Er war sowohl mit dem deutschen
Kaiser Wilhelm II. als auch mit dem Museumsdirektor Wilhelm von Bode
(1848–1929) eng befreundet, obwohl diese einander bekanntlich gerade in Kunstauffassungen heftig widersprachen. Seinen Interessen folgend, regte er im Jahre 1896 die Gründung der Deutschen Orientgesell-
schaft an und finanzierte Ausgrabungen in Jericho, Babylon und Tell
Amarna. Die wertvollen Funde, darunter die weltberühmte Büste der
Nofretete, schenkte er später dem Vorderasiatischen und dem Ägypti-
schen Museum. Seine umfangreiche Sammlung italienischer Renais-
sancekunst, die 445 Gemälde und andere Kunstwerke umfasste, schenkte
er dem Kaiser-Friedrich-Museum, heutigen Bodemuseum, zur Eröffnung
im Jahre 1904.

Simon trat aber nicht nur als Kunstmäzen in Erscheinung, sondern
betätigte sich auch im karitativen Bereich. So war er an der Gründung
des „Vereins zum Schutze der Kinder vor Ausnutzung und Misshand-
lung" beteiligt. Das „Haus Kinderschutz" in Zehlendorf wurde von ihm
und Franz von Mendelssohn finanziert. Zu seinen Aktivitäten gehörten
auch die Gründung von dem „Berliner Verein für Volksunterhaltung",
dem „Verein für Volksbäder" und dem Berliner Stadtbad Mitte in der Gar-
tenstraße 5. Aber auch jüdische Einrichtungen wie z. B. der „Hilfsverein
der deutschen Juden" wurden von ihm, der sich als assimilierter Jude
nicht taufen ließ, großzügig unterstützt. Er gehörte zu den Mitbegründern des Technion, der Technischen Universität in der israelischen Hafenstadt Haifa.

Im Jahre 1901 erhielt Simon die erste Leibnizmedaille in Gold, die von der Preußischen Akademie der Wissenschaften gestiftet wurde. Sein soziales Engagement wurde 1904 mit dem Wilhelmsorden gewürdigt. Von der Universität Berlin wurde er 1910 zum Ehrendoktor ernannt. Durch die Weltwirtschaftskrise machte seine Firma im Jahre 1927 Bankrott, und Simon verlor fast sein gesamtes Vermögen. Die seit 1886 von ihm bewohnte mondäne Villa in der Tiergartenstraße 15a musste er daraufhin gegen eine einfachere Wohnung in der Kaiserallee 23 tauschen. Im Jahre 1932, kurz vor dem Machtantritt der Nationalsozialisten, die die Erinnerung an ihn auszulöschen versuchten, verstarb Simon und wurde auf dem Jüdischen Friedhof Schönhauser Allee begraben.

SAMUEL FISCHER

Der 1859 im ungarischen Lipto Szent Miklós geborene Samuel Fischer kam nach einer Buchhändlerlehre in Wien im Jahre 1881 nach Berlin. Er gründete 1886 den S. Fischer Verlag, der sich vor allem um naturalistische und sozialkritische Autoren wie Henrik Ibsen, Emile Zola und Gerhart Hauptmann bemühte. Im Jahre 1889 gehörte Fischer neben Maximilian Harden, Theodor Wolff und anderen zu den Gründern des Theatervereins „Die Freie Bühne", der unter der Leitung von Otto Brahm Dramen von Naturalisten aufführte. Besonders dank der Zusammenarbeit mit seinem Lektor **Moritz Heimann** (1868–1925) gelang es, damals noch unbekannte Schriftsteller wie Thomas Mann, Jakob Wassermann, Franz Kafka, Stefan Zweig und Hermann Hesse zu gewinnen.

Seit 1905 wohnte Samuel Fischer in der Erdener Straße 8 in einer Jugendstilvilla, die zahlreichen Verlagsautoren und Künstlern offen stand. Eine Gedenktafel mit dem Schattenriss des einstigen Bewohners erinnert heute an ihn. In unmittelbarer Nähe wurde Walther Rathenau, dessen Bücher im Fischer-Verlag erschienen, erschossen. Samuel Fischer ist 1934 verstorben und liegt – wie auch sein Lektor Moritz Heimann – auf dem Jüdischen Friedhof Weißensee begraben. Der Verlag wurde schon ab 1932 von seinem Schwiegersohn **Gottfried Bermann-Fischer** (1897 bis 1995), der ursprünglich als Chirurg arbeitete, geleitet. Im Jahre 1936 musste der Verlag zunächst nach Wien auswandern, zwei Jahre später nach Stockholm und 1940 schließlich nach New York. Seit 1950 befin-

det sich der Firmensitz in Frankfurt a. M., der Verlag ist jedoch seit den
90er Jahren auch in Berlin wieder vertreten.

WALTHER RATHENAU

Der Sohn von **Emil Rathenau** (1838–1915), dem Gründer der AEG, wurde
im Jahre 1867 in Berlin geboren. Nach dem Studium der Elektrotechnik
war er von 1892 bis 1899 Direktor der Elektrochemischen Werke Bitter-
feld. Nach dem Tode seines Vaters 1915 übernahm er die Leitung der AEG.
Neben seinen beruflichen Verpflichtungen unterhielt der vielseitig inte-
ressierte und gebildete Rathenau eine umfangreiche Korrespondenz mit
bekannten Schriftstellern, unter ihnen Gerhart Hauptmann, Stefan Zweig,
Hermann Hesse und André Gide. Der Maler **Edvard Munch** (1863 bis
1944), mit dem er befreundet war, porträtierte ihn in einem fast lebens-
großen Gemälde, das im Ephraim-Palais zu sehen ist. Zu seinen dutzenden
von Veröffentlichungen auf philosophischem und journalistischem Gebiet gehört auch der frühe Aufsatz „Höre, Israel!", der mit dem Satz beginnt: „Von vorn herein will ich bekennen, dass ich Jude bin." Hierin fordert
er die deutschen Juden zur völligen Assimilation an ihre Umwelt auf.
    Im Ersten Weltkrieg wurde Rathenau zum Leiter der Rohstoffabteilung
im Preußischen Kriegsministerium ernannt. Als er 1919 als wirtschaft-
licher Berater des sozialdemokratischen Reichskanzlers Joseph Wirth
an den Reparationsverhandlungen mit den Siegermächten beteiligt war,
wurde er von antisemitischen und deutschnationalen Kräften heftig an-
gefeindet. Im Jahre 1921 wurde er erst Wiederaufbau- und kurz darauf
Außenminister der Weimarer Republik. Am 14. Juni 1922 wurde er von
rechtsradikalen Korpsoffizieren im Auto unweit seiner Villa angeschos-
sen; zehn Tage später erlag er seinen schweren Verletzungen.
    Das Haus in der Koenigsallee 65, das er selbst entworfen hatte und
seit 1910 bewohnte, konnte nach seinem Tode bis 1933 im Originalzu-
stand besichtigt werden. Joseph Roth (1894–1939) beschrieb die Einrichtung in einem Artikel in der Frankfurter Zeitung: „Er hat wunderbar
gelebt: unter edlen Büchern und seltenen Gegenständen, zwischen schö-
nen Farben und Bildern, mit nutzlosen, erhabenen, kleinen, zarten, ehr-
furchtgebietenden, Zärtlichkeit heischenden, machtvollen, träumerischen
Dingen; mit den Zeugen menschlicher Vergangenheit, menschlicher Weis-

heit, menschlicher Schönheit, menschlicher Kraft und menschlichen Leidens: vom Ewig-Menschlichen umhaucht." Heute erinnert eine Gedenktafel an den einstigen Bewohner.

Die Liberaldemokratische Partei Deutschlands, in deren Vorläuferorganisation Rathenau Mitglied war, errichtete im Jahre 1946 ein Denkmal am Ort des Attentats in der Koenigsallee, an der Einmündung der Erdener Straße. Eine Gedenkausstellung zu Rathenau wurde im frühklassizistischen Schloss Freienwalde (Bad Freienwalde, nordöstlich von Berlin), 1909 von Rathenau als Sommersitz gekauft, eingerichtet. Walther Rathenau wurde auf dem Städtischen Waldfriedhof Oberschöneweide im Erbbegräbnis seiner Familie bestattet.

LEO BAECK

Leo Baeck wurde 1873 in Lissa (Posen) geboren. Seit 1912 wirkte er als Rabbiner und als Lehrer an der Hochschule für die Wissenschaft des Judentums in Berlin. Gegen die judentumsfeindliche Tendenz des Buches „Wesen des Christentums" von Adolf von Harnack (1851–1930) verfasste er das apologetische Werk „Vom Wesen des Judentums". Seit 1933 war er Präsident der Reichsvertretung der deutschen Juden und wurde zum geistigen Repräsentanten des deutschen Judentums während der Verfolgungen, Vertreibungen, Deportationen und Vernichtungsaktionen der NS-Zeit. Nach der zwangsweisen Auflösung der Berliner Gemeinde am 10. Juni 1943 wurde er in das KZ Theresienstadt deportiert, wo er als Mitglied des Ältestenrates arbeitete und den Krieg überlebte.

Nach dem Zweiten Weltkrieg siedelte er nach London über, wo er im Jahre 1956 starb und begraben wurde. Leo-Baeck-Institute wurden in London, New York und Jerusalem gegründet. Sie dienen der Erforschung der deutsch-jüdischen Geschichte und Literatur. An dem 1956 gegründeten Leo Baeck College in London werden Rabbiner ausgebildet. Im Jahre 1981 wurde das Leo-Baeck-Altenwohnheim in der Herbartstraße 36 (Charlottenburg) eingeweiht. Das Gebäude der ehemaligen Hochschule für die Wissenschaft des Judentums in der Tucholskystraße in Berlin trägt – seit der Rückübertragung an die Jüdische Gemeinde Berlin und der nachfolgenden umfassenden Sanierung – ebenfalls den Namen Leo Baecks.

REGINA JONAS

Regina Jonas war die erste Rabbinerin in Deutschland. Geboren 1902 in Berlin und im so genannten Scheunenviertel aufgewachsen, studierte sie von 1924 bis 1930 an der Hochschule für die Wissenschaft des Judentums. In ihrer Examensarbeit behandelte sie die Frage: „Kann die Frau das rabbinische Amt bekleiden?", und wies die religionsgesetzliche Möglichkeit der Frauenordination nach. Dennoch konnte sie zunächst nur als Religionslehrerin arbeiten und wurde erst Ende 1935 – durch die Vermittlung des liberalen Rabbiner-Verbandes – vom Rabbiner Max Dienemann in Offenbach zur Rabbinerin ordiniert. Sie predigte in verschiedenen liberalen Synagogen in Berlin und zeigte eine besondere Begabung als Seelsorgerin für die drangsalierten jüdischen Gemeindeglieder. Nach Zwangsarbeit in einer Kartonagenfabrik in Berlin-Lichtenberg wurde sie zusammen mit ihrer Mutter am 6. November 1942 nach Theresienstadt deportiert. Am 12. Oktober 1944 wurde Regina Jonas in das Konzentrationslager Auschwitz gebracht und dort ermordet. Ihr Nachlass gehört heute zu den Beständen des Centrum Judaicum, und ihre Abschlussarbeit wurde erst jüngst neu herausgegeben.

HERBERT BAUM

Herbert Baum wurde 1912 als Sohn eines Buchhalters in Berlin geboren. Nach dem Besuch der Realschule lernte er den Beruf des Elektrikers. Er arbeitete im Elektromotorenwerk der Siemens-Schuckert AG in Spandau und übte ab 1941 als Zwangsarbeiter in der streng isolierten „Judenabteilung" die Funktion des „Judensprechers" aus. Seit 1932 dem Kommunistischen Jugendverband Deutschlands angehörig, leitete Baum ab 1936 zusammen mit seiner Frau **Marianne Baum** (1912–1942) eine kommunistische Widerstandsgruppe, die fast ausschließlich aus jungen Juden bestand. Neben verschiedenen Flugblattaktionen knüpften sie auch Kontakte zu französischen und belgischen Zwangsarbeitern, die ebenfalls bei Siemens schuften mussten.

Am 18. Mai 1942 legte die Gruppe einen Brandsatz in der Propagandaausstellung „Das Sowjetparadies", die im Lustgarten vor dem Alten Museum (Mitte) in einem eigens dafür errichteten Gebäude stattfand.

Diese weitgehend wirkungslose Aktion wurde von den Nationalsozialisten brutal geahndet. So wurden 154 unbeteiligte Juden, unter ihnen der Oberkantor der Berliner Jüdischen Gemeinde Hanns John, verhaftet und im KZ Sachsenhausen mit weiteren 96 Häftlingen erschossen. Die Familienangehörigen dieser insgesamt 250 Juden wurden in das KZ Theresienstadt verschleppt und die meisten von dort in die Massenvernichtungslager deportiert. Noch im gleichen Jahr wurden 28 Mitglieder der Gruppe im Durchschnittsalter von 22 Jahren verhaftet, verurteilt und in Plötzensee hingerichtet.

Auf Initiative von **Charlotte** und **Richard Holzer**, den einzigen Überlebenden der Gruppe, wurden ihre Mitglieder auf dem Friedhof Weißensee begraben, und auf dem Ehrenplatz wurde ihnen zu Ehren ein Grabstein mit den Namen der Ermordeten aufgestellt. Die ehemalige Lothringenstraße, die zum Haupteingang des Friedhofs führt, wurde nach Herbert Baum benannt. Am 8. Mai, dem offiziellen DDR-Gedenktag der Befreiung vom Faschismus, des Jahres 1981 wurde am Rande des Lustgartens, dem Ort des Brandsatzes, ein würfelförmiger Gedenkstein errichtet. Er erinnert an die kommunistische (bezeichnenderweise nicht jüdische) Widerstandsgruppe.

An der Hausfassade in der Gipsstraße 3 (Mitte) ist eine Gedenkplakette für die beiden miteinander verheirateten Mitglieder der Herbert-Baum-Gruppe, **Sala** (1912–1942) und **Martin Kochmann** (1912–1943), angebracht. Sie lebten und arbeiteten in diesem Haus und trafen sich hier auch mit der Gruppe.

Im Israelitischen Volkskindergarten und Kinderhort, der im gleichen Gebäude untergebracht war, arbeiteten auch **Marianne Joachim** (1921–1943) und **Hanni Meyer**, (1921–1943) zwei weitere Mitglieder der Gruppe. An Hanni Meyer erinnert eine 1988 angebrachte Gedenktafel in der Ritterstraße 16 (Kreuzberg), wo sie in einer Lampenschirmfabrik Zwangsarbeit leisten musste.

Lotte (1923–1943) und **Siegbert Rotholz** (1919–1943) gehörten ebenfalls zur Widerstandsgruppe und stellten ihre Wohnung für geheime Treffen zur Verfügung. Sie wohnten 1942 im Vorderhaus der Kreuzberger Synagoge in der Lindenstraße und wurden nach ihrer Verhaftung ebenfalls ermordet.

HEINZ GALINSKI

Heinz Galinski wurde 1912 in Marienburg geboren. Er ließ sich zum Textilkaufmann ausbilden. Ab 1938 wurde er zur Zwangsarbeit in Berlin verpflichtet und Anfang Februar 1943 vom Güterbahnhof Grunewald nach Auschwitz deportiert. Er hat seine ganze Familie durch die Schoa verloren. Im April 1945 wurde er aus dem KZ Bergen-Belsen befreit. Ab Juli 1945 lebte Galinski wieder in Berlin. Von 1949 bis zu seinem Tod 1992 war er Vorsitzender der Jüdischen Gemeinde zu Berlin beziehungsweise zu West-Berlin, und zugleich Vorsitzender des Zentralrates der Juden in Deutschland. Galinski setzte sich zeitlebens vehement für den Wiederaufbau jüdischen Gemeindelebens in Deutschland ein und kritisierte mit scharfen Worten antisemitische Vorkommnisse. Besonders verdient machte er sich in den Verhandlungen, die die Einwanderung von Juden aus den GUS-Staaten nach Deutschland ermöglichten. Er war ein strikter Gegner von Reformbestrebungen in den Gemeinden, z. B. beim Gottesdienst, und lehnte die Bemühungen von Adass-Jisroel um Wiederanerkennung als eigenständige Jüdische Gemeinde ab.

Der Ehrenbürger Berlins liegt in der Ehrenreihe auf dem Jüdischen Friedhof an der Heerstraße begraben. Das Grab wurde am 19. Dezember 1998 von bis heute nicht gefassten Rechtsradikalen geschändet, wobei die Grabplatte gesprengt wurde. Sie legte man zur Mahnung neben die anschließend neu errichtete Grabplatte. Im September 1995 wurde in der Waldschulallee 73–75 die jüdische Heinz-Galinski-Schule eingeweiht, entworfen von dem israelischen Architekten Zvi Hecker. Eine weitere Ehrung erfolgte mit der Umbenennung der Schul- in Heinz-Galinski-Straße (Wedding) im November 1998.

ESTRONGO NACHAMA

Estrongo Nachama wurde am 4. Mai 1918 als Sohn eines Getreidehändlers im griechischen Saloniki geboren. Eigentlich sollte er in die Fußstapfen seines Vaters treten, doch die Deutschen begannen 1943 auch in Griechenland mit der Deportation der Juden in die Vernichtungslager. Nachama überlebte mehrere Lager und Todesmärsche. Obwohl seine gesamte Familie in Auschwitz ermordet wurde, entschied er sich nach seiner Befreiung bei Berlin 1945, in Deutschland zu bleiben. Nachamas spätere Ehefrau überstand die letzten Kriegsjahre in Berlin dank gefälschter Papiere, dabei doch ständig auf der Flucht von Versteck zu Versteck. Mit seiner wunderbaren Stimme wurde Nachama Oberkantor an der Synagoge Pestalozzistraße, deren Liturgie maßgeblich von ihm gestaltet wurde. Sein Gesang wurde weithin gerühmt, und er folgte Einladungen zu Konzerten in alle Welt. Er setzte sich engagiert für den Dialog zwischen Christen und Juden ein und trat sogar in christlichen Kirchen auf. Besonders verdient machte er sich zu Mauerzeiten durch seine zahlreichen Grenzgänge zur Ost-Berliner Gemeinde, um dort an Feiertagen und zu anderen besonderen Anlässen wie Trauungen und Beerdigungen auszuhelfen. Er verstarb im Alter von 81 Jahren am 13. Januar 2000 und wurde auf dem Jüdischen Friedhof Heerstraße begraben. Sein Sohn **Andreas Nachama** ist der amtierende Vorsitzende der Jüdischen Gemeinde zu Berlin.

Jüdische Zeitrechnung: Lebensfeste, Mondkalender und Feiertage

LEBENSFESTE

Zeit spielt – wie in anderen Religionen auch – im Judentum eine große Rolle. Die eigene Lebenszeit wird in bestimmte Abschnitte unterteilt, die durch religiöse Zeremonien und Feste voneinander abgegrenzt werden. Zugleich dienen diese Zäsuren der jüdischen Selbstvergewisserung; sie werden zum Anlass genommen, die Beziehung zum Judentum immer wieder neu zu formulieren.

Jude ist jeder, der eine jüdische Mutter hat oder der zum Judentum übergetreten ist. Die männlichen Juden bzw. Konvertiten weisen ein zusätzliches Zeichen der Zugehörigkeit zum Judentum auf. Der Knabe wird am achten Tag nach der Geburt beschnitten. Dieser Brauch wird schon in der Bibel als ein göttliches Gebot aufgeführt. Im ersten Buch Mose gebietet Gott dem jüdischen Erzvater Abraham: „Alles, was männlich ist unter euch, muss beschnitten werden. Am Fleisch eurer Vorhaut müsst ihr euch beschneiden lassen. Das soll geschehen zum Zeichen des Bundes zwischen mir und euch. Alle männlichen Kinder bei euch müssen, sobald sie acht Tage alt sind, beschnitten werden."

Die Beschneidung findet meistens in der Synagoge oder im Krankenhaus, seltener zu Hause statt. Wenigstens zehn religionsmündige, männliche Juden müssen anwesend sein. Ein ritueller Beschneider (hebräisch *Mohel*), der religiös und medizinisch speziell ausgebildet ist, nimmt den Eingriff vor. Die Beschneidungszeremonie endet mit einem großen Festessen. Bis heute werden auf diese Weise alle Juden, z. B. auch in völlig säkularisierten Familien in Israel, beschnitten. Bei der Zeremonie erhält der Knabe auch einen jüdischen Namen aus der Bibel, den er bei allen religiösen Anlässen zusätzlich zu seinem bürgerlichen Namen tragen wird. Mädchen empfangen ihren biblischen Namen ent-

Bar-Mizwa-Feier in der Synagoge Pestalozzistraße

Chanukka-Feier

weder am ersten Schabbat nach ihrer Geburt oder beim ersten Synagogenbesuch der Mutter.

Hat der Junge das 13. Lebensjahr vollendet, wird er ein *Bar Mizwa* (aramäisch „Sohn des Gebotes"). Diese Bezeichnung bezieht sich auf seine nun erreichte Religionsmündigkeit. Im Schabbatgottesdienst nach seinem Geburtstag wird der *Bar Mizwa* zum ersten Mal zur Toralesung aufgerufen. Da der schwierige hebräische Bibeltext auf genau vorgeschriebene Weise gesungen und anschließend in einem Vortrag ausgelegt werden muss, bedeutet das eine lange und intensive Vorbereitung für den 13-Jährigen. Der Tag wird festlich mit der ganzen Familie und unter großer Anteilnahme der Gemeinde begangen. Ähnlich der christlichen Konfirmation werden mit dieser Zeremonie die vollen religiösen Rechte und Pflichten verliehen. Das heißt, dass der strenggläubige Jude von nun an lebenslang die Heiligen Schriften studiert und zur Einhaltung aller religiösen Gebote verpflichtet ist. Das Reformjudentum hat im Sinne einer Gleichberechtigung für zwölfjährige Mädchen die Feier der *Bat Mizwa* (hebräisch „Tochter des Gebotes") eingeführt.

Ein neuer Lebensabschnitt wird mit der Eheschließung und Familiengründung begonnen. Als Tag der Hochzeit wird nie der Schabbat, sondern immer ein Wochentag gewählt. Die Trauung kann zu Hause, in Restaurants, in der Synagoge oder sogar im Freien stattfinden. Die gesamte Zeremonie ist dreigeteilt. Zuerst unterschreiben zwei Zeugen den Ehevertrag (hebräisch *Ketubba*). Anschließend werden Braut und Bräutigam unter den Traubaldachin (hebräisch *Chuppa*) geführt. Der Rabbiner oder der Kantor spricht über einen Becher Wein, aus dem das Brautpaar trinkt, den Segen. Dann reicht der Bräutigam seiner Braut den Ehering und sagt auf Hebräisch: „Durch diesen Ring bist du mir angetraut nach dem Gesetz von Moses und Israels." Konservative und liberale Juden haben den beiderseitigen Tausch der Ringe eingeführt.

Als Überleitung zum zweiten Teil folgen die Verlesung des Ehevertrages und Gesänge. Im anschließenden Hauptteil der Trauungszeremonie wird die eigentliche Eheschließung durchgeführt. Wieder wird der Segen über einen Becher Wein gesprochen. Der Bräutigam zerbricht dann ein Glas mit dem Fuß, um entweder böse Geister zu vertreiben oder auf das gemeinsame Überstehen auch von schlechten Tagen hinzudeuten. Zuletzt werden die Brautleute, als Symbol für die eheliche Vereinigung, kurze Zeit allein gelassen. Ein mitunter tagelanges Fest, das möglichst aufwendig und ausgelassen gefeiert wird, krönt den Hochzeitstag. Wichtigstes Gebot der Ehe sind natürlich Kinder. „Seid fruchtbar und vermehrt euch", lautet das zuerst genannte Gebot in der Bibel.

MONDKALENDER

Auch die astronomisch vorgegebenen Zeitzyklen finden ihre Entsprechung in der Einteilung in Jahre, Monate, Wochen und Tage.

Die alten Kalender Vorderasiens richteten sich nach dem Erdmond, sie sind Mondkalender. Der jüdische Kalender geht zurück auf den neubabylonischen Kalender, der nach dem Babylonischen Exil von den Juden übernommen wurde. Das Mondjahr hat nur 354 Tage; jeder Monat zählt 29 oder 30 Tage. Um den Unterschied zum Sonnenjahr auszugleichen, werden in einem Zyklus von neunzehn Jahren siebenmal zusätzlich Schaltmonate (hebräisch *Adar scheni*) eingefügt. Das Jahr beginnt jeweils im Herbst mit dem Neujahrsfest. Die überkommene biblische Zählung der Monate beginnt dagegen im Frühling. Der früher wichtigere Neumondtag spielt heute nur noch im Gottesdienst eine Rolle.

Die jüdischen Monatsnamen und ihre Entsprechungen zu den bürgerlichen Monaten lauten:

Nisan	März/April
Ijjar	April/Mai
Siwan	Mai/Juni
Tammus	Juni/Juli
Aw	Juli/August
Elul	August/September
Tischre	September/Oktober
Marcheschwan	Oktober/November
Kislew	November/Dezember
Tewet	Dezember/Januar
Schewat	Januar/Februar
Adar	Februar/März

Der jüdische Tag und somit auch die Feste beginnen mit dem Abend, dem Mondaufgang. Die jüdische Woche beginnt nach dem Schabbat.

Die jüdische Jahreszählung beginnt seit dem Mittelalter mit dem zurück-gerechneten Datum der Weltschöpfung. Das aktuelle jüdische Jahr 5760 entspricht dem Jahr 1999/2000 des christlichen Kalenders.

FEIERTAGE

Der **Schabbat** ist der siebte Tag der jüdischen Woche und dauert von Freitag- bis Samstagabend. Er ist der traditionelle Ruhetag, und seine Einhaltung wird in den Zehn Geboten auf die biblische Schöpfungsge-schichte zurückgeführt. Im zweiten Buch heißt es dazu: „Gedenke des Schabbats: Halte ihn heilig! Sechs Tage darfst du schaffen und jede Ar-beit tun. Der siebte Tag ist ein Ruhetag, dem Herrn, deinem Gott, ge-weiht. (…) Denn in sechs Tagen hat der Herr Himmel, Erde und Meer gemacht und alles, was dazugehört; am siebten Tag ruhte er. Darum hat der Herr den Schabbattag gesegnet und ihn für heilig erklärt." Jü-dische Einrichtungen, koschere Restaurants und Geschäfte in Berlin schließen daher am frühen Freitagnachmittag und öffnen frühestens am Samstagabend oder wegen des sonntäglichen Schließtages auch erst am Montag wieder.

Am Schabbat ist dem strenggläubigen Juden also jegliche Arbeit un-tersagt, insbesondere auch das Feuermachen. Dieses Verbot gilt heut-zutage auch für das Bedienen elektrischer Haushaltsgeräte, weshalb beispielsweise die Speisen für das Schabbatmahl schon einen Tag vor-her zubereitet und warm gehalten werden müssen. Der Schabbat dient der Ruhe, der Familie und besonders dem Studium der Heiligen Schrif-ten. Bei orthodoxen Juden wird er strengstens eingehalten, und nur zur Lebensrettung dürfen die Vorschriften zeitweilig aufgehoben werden. Schabbatgottesdienste finden am Freitagabend und am Samstagmor-gen statt. Fromme Juden leben auch in Berlin in der näheren Umgebung einer Synagoge, um diese am Schabbat zu Fuß erreichen zu können, denn Verkehrsmittel dürfen nicht benutzt werden.

Im Gottesdienst am Freitagabend wird der Schabbat, der metapho-risch als „Braut" verehrt wird, mit der kabbalistischen Hymne *Lecha Dodi* (hebräisch „Komm mein Geliebter"), die von Rabbi Salomo ha-Levi Alkabez um 1560 im galiläischen Safed komponiert wurde, empfan-gen. Die Betenden wenden sich dazu in Richtung Eingangstür und verneigen sich. Nach dem Besuch der Synagoge wird zu Hause mit der Familie und häufig auch geladenen Gästen das festliche Schabbatmahl eingenommen. Zuvor zündet die Mutter zwei Schabbatkerzen an und spricht mit bedeckten Augen den Segen über das Licht. Der Vater spricht über einem Becher Wein einen Segensspruch, den *Kiddusch* (hebräisch „Heiligung"). Alle Anwesenden, auch die Kinder, trinken aus diesem Becher. Zwei weiße Schabbatbrote, die unter einer bestickten Decke liegen, werden hervorgeholt, ebenfalls gesegnet und verteilt. Beendet wird der Schabbat mit der Zeremonie der *Hawdala* (hebräisch „Trennung"), mit der der Schabbat und der nachfolgende Wochentag voneinander getrennt werden. Wieder werden über einen, diesmal zum Überlaufen gefüllten, Becher Wein, über eine Kerze und eine mit aromatischen Gewürzen (hebräisch *Besamim*) gefüllte Büchse verschiedene Segen gesprochen. Die Besamimbüchse reicht man herum, um ein wenig vom Wohlgeruch des Schabbat in den Alltag hinüberzunehmen.

Mit dem Neujahrstag **Rosch ha-Schana** wird der Beginn des jüdischen religiösen Jahres gefeiert. Er wird am ersten Tag des Monats *Tischre* begangen. Mit ihm beginnen die Hohen Feiertage, die zehn Tage dauern und der Buße dienen. Der Neujahrstag wurde in den rabbinischen Schriften als Gerichtstag gedeutet. An ihm spricht Gott sein Urteil über die Taten der einzelnen Menschen während des vergangenen Jahres, die in himmlischen Büchern aufgezeichnet wurden. Ehe aber das Urteil zehn Tage später am Versöhnungstag Gültigkeit erlangt, ist es durch das Bereuen der Sünden noch abzuwenden. Zum Gottesdienst in der Synagoge tragen die orthodoxen Männer weiße Gebetsmäntel und weiße Käppchen als Zeichen der Reue und Buße. Mit dem Blasen des *Schofars*, eines Widderhorns, wird nicht nur das Gericht angekündigt, sondern auch an die „Fesselung Isaaks", die versuchte Opferung durch seinen Vater Abraham, erinnert. Das *Schofar* ist ein Symbol für die Hoffnung auf die göttliche Rettung, denn anstelle von Isaak wurde im letzten Moment ein Widder geopfert.

Der Versöhnungstag **Jom Kippur** bildet den Abschluss der zehn Bußtage, die auf *Rosch ha-Schana* folgen. An diesem Tag wird gefastet und ein strengreligiöser Jude verbringt die langen Stunden in Trauer und Gebet. Das Sündenbekenntnis wird mehrere Male gesprochen. Darin werden die Sünden, die der Mensch gegen Gott begangen hat, gesühnt. Die Sünden, mit denen er anderen Menschen Schaden zugefügt hat, können dagegen nur von diesen selbst vergeben werden. Der Abendgottesdienst wird mit dem aramäischen Gebet *Kol Nidre* (hebräisch „Alle Gelübde"), in einer ergreifenden Melodie gesungen, eingeleitet.

Das Laubhüttenfest **Sukkot** war ursprünglich ein Erntedankfest. Es beginnt nach den Hohen Feiertagen am 15. Tag des Monats *Tischre* und dauert sieben Tage. Nach biblischer Überlieferung wird dieses Fest in Erinnerung an den Auszug aus Ägypten gefeiert, da die Juden während der Wanderung durch die Wüste nicht in festen Behausungen wohnten, sondern in einfachen und transportablen Hütten. Eine Laubhütte (hebräisch *Sukka*) kann auf dem Balkon, im Hinterhof oder im Garten errichtet werden. Darin verbringen strenggläubige Juden lesend und betend den Großteil der sieben Festtage. Im Gottesdienst ist besonders der Strauß aus Palm-, Myrten-, Zitronen- und Trauerweidenzweigen charakteristisch, den der Betende während der festlichen Umzüge in der Synagoge hält.

Nach den sieben Tagen des Laubhüttenfestes folgt unmittelbar **Simchat Tora** (hebräisch „Fest der Torafreude"). Es beschließt den einjährigen Lesezyklus von 53 Wochenabschnitten aus der Tora. In sieben festlichen Umzügen werden alle Torarollen um die Synagoge getragen. Möglichst alle Gemeindemitglieder sollen beim Tragen der Schriftrollen und beim anschließenden Verlesen der Bibelabschnitte beteiligt werden. Bevor die Rollen wieder zurück in den Toraschrein gelegt werden, tanzen die Träger ausgelassen mit ihnen. Dazu singt und klatscht die ganze Gemeinde.

Das Lichterfest **Chanukka** dauert vom 25. Tag des Monats *Kislew* bis zum zweiten Tag des darauffolgenden Monats *Tewet* und fällt damit ungefähr in die Weihnachtszeit. Es erinnert an eine Legende aus dem Makkabäer-Aufstand, der im zweiten vorchristlichen Jahrhundert stattfand. Nach dem Sieg der Juden sollte der geschändete Tempel von Jerusalem neu geweiht werden. Man fand aber nur einen einzigen Krug mit Öl für den Tempelleuchter, der eigentlich nur für einen Tag gereicht hätte. Auf wunderbare Weise reichte das Öl aber acht Tage lang. Deshalb werden zum Lichterfest acht Tage lang die Kerzen des achtarmigen *Chanukka*-Leuchters in zunehmender Zahl angezündet.

Purim (hebräisch „Lose") erinnert an die glückliche Errettung des jüdischen Volkes vor der geplanten Vernichtung in Persien, wie sie im biblischen Buch Ester erzählt wird. Der Feiertag ist am 14. Tag des Monats *Adar*, der ungefähr in die Faschingszeit fällt. Diesen Tag hatte der persische Höfling Haman durch Loswurf für die Vernichtungsaktion bestimmt. Durch Ester, die jüdische Ehefrau des persischen Königs, konnte die Vernichtung im letzten Moment verhindert werden. Sie hatte über ihren Vater Mordechai von Hamans hinterlistigem Plan erfahren und sich bei ihrem Gatten für die Rettung ihres Volkes eingesetzt. Zur Strafe für seine Verleumdungen und Intrigen wurde Haman gehenkt.

Im Gottesdienst wird die Ester-Schriftrolle (hebräisch *Megilla*) verlesen. Sobald der Name Haman gelesen wird, wird er durch ohrenbetäubendes Schellen, Klappern, Hupen und ähnlichen Krach übertönt. Im Talmud wird ausdrücklich empfohlen, so viel Wein zu trinken, bis man nicht mehr zwischen dem bösen Haman und dem guten Mordechai unterscheiden kann. Die Gemeinde verkleidet sich karnevalsartig, wobei häufig die Gestalten der Ester-Geschichte, aber auch moderne Heroen wie Superman oder Mickey Mouse imitiert werden. Besonders beliebt ist das Essen von Haman-Ohren, einem mit Mohn gefüllten Gebäck. Maskenumzüge finden statt, und das *Purim*-Spiel wird aufgeführt.

Im Frühling wird **Pessach**, das an den hastigen Auszug der Juden aus Ägypten erinnert, gefeiert. Das Fest beginnt am 15. Tag des Monats *Nisan* und dauert sieben Tage. Ursprünglich wurde *Pessach* der Frühlingsanfang mit einem Lammopfer feierlich begangen. Im siebten vorchristlichen Jahrhundert wurde das Fest mit der biblischen Geschichte vom Auszug aus Ägypten verknüpft. Das Lamm wurde seitdem im Jerusalemer Tempel geopfert. Die Juden kamen in einer Wallfahrt nach Jerusalem, um der Schlachtung beizuwohnen. Mit der Zerstörung des Jerusalemer Tempels durch die Römer unter Titus im Jahre 70 unserer Zeitrechnung und dem Ende des Opferkultes wurde Pessach zu einem häuslich-familiären Fest. In der Gegenwart wird es gerade auch von nichtreligiösen Juden gefeiert.

Vor den Feiertagen muss der Haushalt gründlich gereinigt werden.

Kein Brotkrümel, kein Teigrest und auch kein Bier darf mehr vorhanden sein. Reste werden an nichtjüdische Bekannte verschenkt oder verbrannt. Das Geschirr wird entweder mit heißem Wasser gewaschen oder gegen eigenes Pessachgeschirr komplett ausgetauscht. Sieben Tage lang wird ungesäuertes Brot, die *Mazzot* bzw. Mazzen, gegessen. Damit soll an den überstürzten Aufbruch aus Ägypten, der keine Zeit zur Säuerung des Brotes ließ, erinnert werden. Am Abend des *Seder* (hebräisch „Ordnung") wird das Pessachmahl eingenommen. Auf der so genannnten Sederschüssel liegen drei *Mazzot*, verschiedene Kräuter, ein Rettich, eine Schale mit Salzwasser, eine Süßspeise aus Äpfeln und Mandeln (hebräisch *Charoset*), ein Knochen und ein Ei. Diese Speisen verweisen symbolisch auf einzelne Elemente der Erzählung vom Auszug aus Ägypten. Für Elia, den Vorboten des Messias, wird ein Stuhl freigehalten, ein Becher Wein bereitgestellt und im weiteren Verlauf des Abends auch die Tür geöffnet. Auf die Frage eines Kindes, warum diese Nacht so anders als die anderen Nächte sei, trägt der Vater die *Pessach-Haggada* vor, in der die biblische Auszugsgeschichte nacherzählt und ausgeschmückt wird. Insgesamt werden vier Becher Wein getrunken. Beendet wird der Sederabend traditionell mit dem Wunsch „Nächstes Jahr in Jerusalem", der die Hoffnung auf das baldige Anbrechen des messianischen Zeitalters ausdrückt.

Mit dem Wochenfest **Schawuot** wird an die Offenbarung am Berg Sinai, wie sie in der Bibel erzählt wird, erinnert. Ursprünglich war *Schawuot* ein landwirtschaftliches Dankfest, das anlässlich der Weizenernte gefeiert wurde. Im Gottesdienst wird der Bibelabschnitt über die Gabe der Tora am Sinai verlesen. Wie schon zu *Simchat Tora* wird das Wochenfest von der Freude an der Tora getragen. Das christliche Pfingstfest geht auf das Wochenfest zurück.

Synagogen und Gemeindezentren

RELIGIÖSE RITEN

Das griechische Wort Synagoge heißt wörtlich übersetzt „Versammlung". Der hebräische Ausdruck für Synagoge lautet *Bet Knesset* (hebräisch „Versammlungshaus"). Eine Synagoge ist also in erster Linie eine Art Gemeindezentrum, wo man sich trifft, Gemeindeangelegenheiten bespricht, die Heiligen Schriften studiert und gemeinsam betet. Die Hauptfunktion einer Synagoge, gerade auch in ihrer architektonischen Gestalt deutlich sichtbar, liegt dabei sicherlich in der Abhaltung von Gottesdiensten. Zugleich war und ist die Synagoge aber auch immer ein Schul- und Lehrhaus, in dem Tora und Talmud gelesen und ausgelegt werden. Die ältesten Synagogenbauten lassen sich schon zu Zeiten des Jerusalemer Tempels in den letzten vorchristlichen Jahrhunderten nachweisen. Eine Synagoge muss jedoch kein eigenständiges Gebäude sein, sondern kann in jedem Raum eingerichtet werden.

In einer möglichst nach Osten, symbolisch in Richtung Jerusalem, ausgerichteten Wandnische gegenüber vom Eingang befindet sich der Toraschrein. In ihm werden die Schriftrollen aufbewahrt. Sie werden von speziell dafür ausgebildeten Schreibern mit der Hand geschrieben und sind daher, auch im materiellen Sinne, sehr kostbar. Sie müssen völlig fehlerfrei und makellos sein. Beschädigte oder abgenutzte Torarollen werden auf dem Friedhof begraben, um den auf ihnen geschriebenen Gottesnamen vor Entweihung zu schützen. Der Toraschrein wird von einem prächtig bestickten Vorhang (hebräisch *Parochet*) verdeckt. Vor dem Schrein brennt die Ewige Lampe (hebräisch *Ner Tamid*). Ein Vorlesepult (hebräisch *Bima* oder *Almemor*) für die Toralesung bildet das um einige Stufen erhöhte Zentrum des Gottesdienstraumes. Mit dem Reformjudentum wurde das Vorlesepult später, vergleichbar dem Altar in christlichen Kirchen, nach Osten vor den Toraschrein verlagert. Männer und Frauen sitzen traditionell getrennt voneinander. In größeren

Synagogen gibt es eine Empore, auf der die Frauen, mitunter zusätzlich hinter einem Gitter verborgen, sitzen. Jüdische Symbole wie z. B. der Davidstern, der siebenarmige Leuchter (hebräisch *Menora*), die zwei Bundestafeln mit den zehn Geboten oder Löwen als Zeichen für die Stärke der Weisheit und hebräische Inschriften schmücken den Synagogenraum.

Mit dem Judentum verbunden sind bestimmte rituelle Kleidungsvorschriften. Die Männer müssen wie bei allen religiösen Handlungen in der Synagoge eine Kopfbedeckung (hebräisch *Kippa*) tragen. Das gilt auch für bloße Besucher; meistens kann eine einfache *Kippa* aus Pappkarton am Eingang ausgeliehen werden. Fromme Juden legen sich zusätzlich lederne Gebetsriemen (hebräisch *Tefillin*) um den linken Oberarm und um den Kopf, allerdings nur zu den Betzeiten an Wochentagen. An den Gebetsriemen sind kleine würfelförmige Kapseln befestigt, die Pergamentstreifen mit kurzen Abschnitten aus der Bibel enthalten. Den schwarzweiß gestreiften Gebetsmantel (hebräisch *Tallit*) legt sich der Gläubige zum Morgengebet über die Kleidung, der Vorbeter trägt ihn hingegen bei jedem Gottesdienst, und am Versöhnungstag wird er von allen Anwesenden bei allen Gottesdiensten getragen. An den vier Ecken des Gebetsmantels sind Schaufäden (hebräisch *Zizit*) befestigt. Der strenggläubige Jude trägt darüber hinaus den ganzen Tag unter der Oberkleidung ein kleines Tuch, das an seinen Enden ebenfalls mit Schaufäden versehen ist. Auch lange Bärte und Schläfenlocken sieht man heutzutage nur noch bei strenggläubigen Juden. Bis auf das Tragen der Kopfbedeckung, die aber schon in der Antike nachzuweisen ist, sind alle genannten Utensilien biblisch begründet.

Der jüdische Gottesdienst ist seit der Zerstörung des Jerusalemer Tempels ein reiner Gebets- und Wortgottesdienst. Zum Gottesdienst sind mindestens zehn religionsmündige Juden (hebräisch *Minjan*) nötig. In größeren Gemeinden leitet ein Vorsänger (hebräisch *Chasan*), auch als Kantor bezeichnet, oder ein Rabbiner den Gottesdienst. Beide Amtspersonen sind jedoch nicht unbedingt erforderlich, da auch jedes andere Gemeindemitglied ihre Aufgaben im Gottesdienst übernehmen kann. Prinzipiell gibt es dreimal am Tag einen Gottesdienst: morgens, nachmittags und abends, wobei der nachmittägliche und abendliche oft zu einem Gottesdienst zusammengefasst werden und in den meisten Synagogen Berlins sogar nur am Freitagabend und Samstagmorgen, also zum Schabbat, Gottesdienste stattfinden.

Die Gebete werden nicht auswendig gesprochen, sondern aus Gebetbüchern gelesen oder vielmehr gesungen. Die Melodien sind in den Gebetbüchern nicht in Notenschrift wiedergegeben, sondern werden in der Gemeinde mündlich überliefert, weshalb sie von Gemeinde zu Gemeinde variieren. Das wichtigste jüdische Gebet ist das „Höre Israel" (hebräisch *Schma Jisrael*), das aus verschiedenen Abschnitten der Tora besteht. Es beginnt mit dem monotheistischen Glaubensbekenntnis: „Höre Israel, der Herr ist unser Gott, der Herr ist einzig." Ein weiteres zentrales Gebet ist das so genannte Achtzehnbittengebet, das eigentlich aus 19 Gebeten besteht. Zu diesem Gebet steht die Gemeinde auf. Das in aramäischer Sprache gehaltene *Kaddisch* (hebräisch „Heilig") ist nicht nur das Totengebet, sondern wird auch zwischen den einzelnen Abschnitten der Liturgie gesprochen. Darüber hinaus werden biblische Psalmen, Segenssprüche, Lieder und weitere Gebete gesungen. Im Mittelpunkt des Morgengottesdienstes am Schabbat, an Feier- und Fasttagen sowie eigentlich auch an jedem Montag und Donnerstag steht die Lesung aus der Tora und den Prophetenbüchern. Dazu werden die Schriftrollen dem Toraschrein entnommen und zum Vorlesepult gebracht. Traditionell werden am Schabbat sieben Männer der Gemeinde nacheinander zur Lesung aufgerufen, was eine besondere Auszeichnung darstellt. Da aber häufig nur noch die wenigsten Gemeindemitglieder den unvokalisierten hebräischen Bibeltext lesen und in korrekter Weise vorsingen können, übernimmt meist der Vorsänger diese Aufgabe. Anschließend erfolgt die gelehrte Auslegung des vorgetragenen Bibelabschnittes, die sich gern der jüdischen Traditions- und Kommentarliteratur bedient. Erst mit dem Reformjudentum wurde eine Predigt eingeführt, die wie das protestantische Vorbild den Bibeltext zum Ausgangspunkt für die Anzeige und Lösung aktueller Probleme nimmt und ihn häufig mit einer ethischen Aussage verknüpft.

Die Rabbiner selbst haben ganz unterschiedliche Aufgaben zu erfüllen. In strenggläubigen Gemeinden wirkt der Rabbiner in erster Linie als Richter in religionsgesetzlichen Fragen und als Lehrer, der die Gemeindemitglieder in Tora und Talmud unterweist. In Reformgemeinden dagegen übernimmt er mehr die Aufgaben eines protestantischen Pfarrers. Das heißt, er hält den Gottesdienst und die Predigt, führt Trauungen und Beerdigungen durch, organisiert Gemeindeveranstaltungen und unterweist den Nachwuchs in jüdischer Religionskunde.

In jüdischen Gottesdiensten gibt es unterschiedliche Riten – entsprechend den verschiedenen Strömungen im Judentum und der jeweiligen geographischen Herkunft der Gemeinde. Im 19. Jahrhundert bildeten sich im deutschen Judentum verschiedene Strömungen heraus, die im wesentlichen in liberal, konservativ und orthodox unterschieden werden können. Diese drei Richtungen entwickelten je eigene Riten. In Deutschland bildet der aschkenasische Ritus jedoch immer, wenn auch in verschiedenen Ausformungen, die Grundlage für die Liturgie. Traditionell ist die Gebetssprache Hebräisch und mitunter auch Aramäisch. Die Landessprache hat sich erst in den Reformgemeinden durchgesetzt. Vorreiter für diese Entwicklung war das deutsche Reformjudentum, das sich stark am Protestantismus orientierte. Diese Richtung führte auch das Orgelspiel und den Chorgesang im Gottesdienst ein.

Architektonisch sind die öffentlichen Synagogenbauten nicht einheitlich gestaltet. Besonders beliebt und verbreitet waren der Klassizismus und historisierende Baustile wie Neoromanik und auch Neogotik. Um die Mitte des letzten Jahrhunderts wurde der maurische Stil, bei der Neuen Synagoge in der Oranienburger Straße zu sehen, als angemessen empfunden. Im folgenden werden die größeren Gemeindesynagogen Berlins in der chronologischen Reihenfolge ihrer Erbauung vorgestellt.

SYNAGOGE HEIDEREUTERGASSE*

ungefähr auf dem Freigelände neben der Rosenstraße (Mitte)

Im Edikt von 1671, mit dem die 50 aus Wien vertriebenen jüdischen Familien in Berlin aufgenommen wurden, hieß es ausdrücklich, dass „sie keine Synagoge halten". Erst eine Generation später, um 1700, erhielt der Hofjude Joost Liebmann die Erlaubnis, eine kleine Privatsynagoge in seinem Hause einzurichten. Ein weiterer jüdischer Hoflieferant, der es sich auch leisten konnte, erkaufte sich dasselbe Privileg. Beide Beträume befanden sich in der Heidereutergasse, von deren Verlauf heute nichts

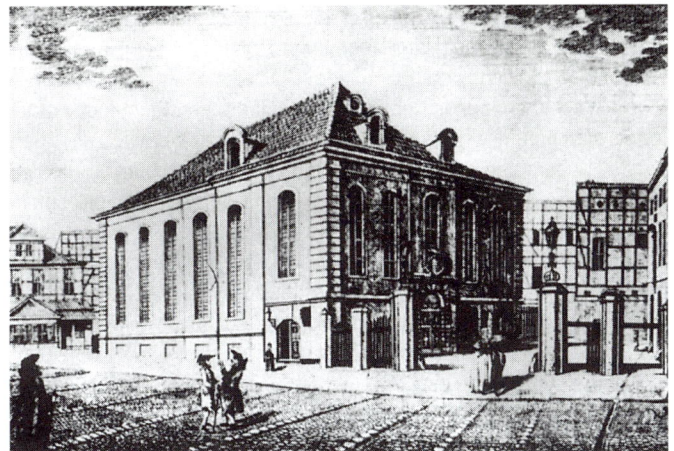

Synagoge Heidereutergasse, Radierung von F. A. Calau

Synagoge Rykestraße

mehr zu sehen ist. Sie verband einst die Spandauer mit der Rosenstraße, und ihr ehemaliges Areal liegt abgeschirmt vom tobenden Hauptstadtverkehr hinter hohen Plattenbauten des DDR-Wohnungsbauprogramms.

Um 1708 begannen in der noch jungen jüdischen Gemeinde Forderungen nach einer öffentlichen Synagoge laut zu werden. Dies stieß auf den Widerstand von den Eigentümern der privaten Betsäle, die sich ihr Privileg teuer erkauft hatten und das damit verbundene Ansehen in der Gemeinde nicht verlieren wollten. Die Privatsynagogen mussten in der Folgezeit jedoch aufgegeben werden. Zu einer weiteren Verzögerung des Neubaus kam es, als die benachbarte christliche Gemeinde das „Geschrei und Lärmen" der Juden fürchtete. Auch musste dem preußischen König Friedrich III. noch versichert werden, dass seine Schutzgeldeinnahmen durch die Kosten für den Bau nicht beeinträchtigt würden, bevor im Jahre 1712 endlich der Grundstein für die Synagoge gelegt werden konnte. Am 14. September 1714, dem Schabbat vor dem jüdischen Neujahrstag, wurde die Synagoge eingeweiht.

Der christliche Baumeister **Michael Kemmeter**, Erbauer der nahe gelegenen Garnisonkirche, hatte den Barockbau der Großen Synagoge, wie sie genannt wurde, entworfen. Sie galt damals als die prächtigste Synagoge in Deutschland. Der einfache Saalbau, der von außen recht unscheinbar war, besaß keine Türme oder Kuppeln, sondern nur ein Walmdach, um nicht etwa für eine christliche Kirche gehalten zu werden. Das Erdgeschoss musste unter das Straßenniveau gelegt werden, da die Synagoge nicht höher als ein Bürgerhaus sein durfte. Innen lenkte ein geschnitzter barocker Toraschrein die Aufmerksamkeit auf sich. Auf zwei übereinander liegenden Emporen saßen die Frauen getrennt von den Männern. Am 20. April 1718 besuchte der preußische König Friedrich Wilhelm I. zusammen mit seinem Sohn, dem späteren Friedrich dem Großen, die Synagoge und schenkte einen kostbaren Vorhang (hebräisch *Parochet*) für den Toraschrein.

Der berühmteste Rabbiner dieser Synagoge war **David Fränkel**, der Lehrer von Moses Mendelssohn. Er ließ in dem 1745 fertig gestellten Anbau ein jüdisches Lehrhaus (hebräisch *Bet ha-Midrasch*) einrichten, das 1834 wieder abgerissen und neu gebaut wurde. Im Jahre 1856 wurde die Synagoge durch den christlichen Baumeister und Schinkelschüler Eduard Knoblauch renoviert und im klassizistischen Stil umgebaut. Nach dem Bau der Neuen Synagoge in der Oranienburger Straße im Jahre 1866 hieß die Synagoge in der Heidereutergasse Alte Synagoge.

Im Novemberpogrom von 1938 erlitt das Gotteshaus schwere Verwüstungen durch randalierende SA-Horden. Neuer Eigentümer wurde im selben Jahr die Deutsche Reichspost. Dennoch waren bis 1942 Gottesdienste in der Synagoge möglich. Im Zweiten Weltkrieg wurde sie durch Bomben zerstört. Die Ruine wurde in den 60er Jahren abgerissen, obwohl ein Wiederaufbau möglich gewesen wäre.

TEMPEL DER REFORMGEMEINDE*

Johannisstraße 16 (Mitte)

Die Schüler und geistigen Erben von Moses Mendelssohn versuchten den traditionellen Gottesdienst zu reformieren. Sie wollten zeigen, dass die Juden auch in religiösen Belangen den Anschluss an die moderne Entwicklung der christlichen Umwelt gefunden hatten. Die kulturelle Assimilation sollte die Forderungen nach der bürgerlichen Gleichstellung der Juden unterstützen. Ein erster Versuch, Gottesdienste in deutscher Sprache durchzuführen, fand ab 1815 im Haus des Bankiers **Jacob Herz Beer** (1769–1825), Vater des Komponisten Giacomo Meyerbeer, statt. Auf Betreiben der orthodoxen Rabbiner der Berliner Gemeinde wurden sämtliche Neuerungen im Jahre 1823 durch den preußischen König untersagt.

Erst im Mai 1845 war die Zeit für einen weiteren Versuch reif, den jüdischen Gottesdienst zu reformieren. Zu diesem Zweck wurde die „Genossenschaft für Reform im Judenthume" durch **Sigismund Stern** (1812 bis 1867) und **Aaron Bernstein** (1812–1884) gegründet. Im April 1846 konnte ein provisorischer Betsaal in der Georgenstraße eingerichtet werden. Die spätere Jüdische Reformgemeinde orientierte sich in ihrem Gottesdienst stark an der protestantischen Liturgie und Gottesdienstpraxis. Die meisten Gebete, die Lieder und die Predigt waren deutschsprachig. Aus der Liturgie wurden Passagen, die die Rückkehr in das Land Israel zum Inhalt hatten, entfernt. Da die Gebete nicht mehr gesungen, sondern nur noch gesprochen wurden, benötigte man auch keinen Kantor mehr. Die besonders an den Feiertagen als überlang emp-

fundenen Gottesdienste wurden stark gekürzt, Kopfbedeckung, Gebetsriemen und Gebetsmantel abgeschafft. Männer und Frauen saßen und
beteten gemeinsam. Orgelmusik und gemischter Chorgesang wurden
eingeführt. Anstelle der *Bar-Mizwa*-Feier für die 13-jährigen Knaben gab
es eine Einsegnungsfeier für Jungen und Mädchen. Am Versöhnungstag wurde kein *Schofar* geblasen. Und ab 1849 fand der Hauptgottes-
dienst nur noch sonntags statt. Die Mitglieder der Reformgemeinde blieben zugleich in der Hauptgemeinde, denn der Kampf um die juristische
Selbstständigkeit der Reformgemeinde blieb erfolglos. Nachdem sich
die Hauptgemeinde liberalisierte und einige Neuerungen übernahm,
war die Reformgemeinde nur noch eine Minderheit.

An einem Sonntag (!) im September 1854 wurde der so genannte
Tempel eingeweiht. Mit dieser Bezeichnung wurde bewusst der Anspruch
formuliert, dass die Reformsynagoge legitimer Nachfolger des Jerusalemer Tempels sei. Dieser wurde im Jahre 70 von den Römern unter
Titus zerstört und sollte nach traditioneller Ansicht erst in messianischer
Zeit, nach der Heimführung der Juden ins Land Israel, wieder errichtet
werden.

Der Architekt **Gustav Stier** (1807–1880) gestaltete den Tempel im
Rundbogenstil der Berliner Kirchenbauten. Er verwendete Elemente
des Schinkelschen Klassizismus, der italienischen Renaissance sowie der
Romanik. Die Synagoge besaß einen kreuzförmigen Grundriss und lag
zurückversetzt von der Straße. Das Vorlesepult, der *Almemor*, wurde aus
der Mitte nach Osten verlagert. Über dem Toraschrein wurde eine Orgel
eingebaut.

Der erste Rabbiner war ab 1847 **Samuel Holdheim** (1806–1860),
der vorher in Frankfurt/Oder und in Schwerin gewirkt hatte und maßgeblich die Reformbestrebungen vorantrieb. Sein radikales Credo lautete: „Im Zeitalter des Talmuds hatte der Talmud Recht. In meiner Zeit
habe ich Recht."

Wilhelm Klemperer (1839–1912) war von 1890 bis 1910 als zweiter
Prediger angestellt. Sein Sohn Victor Klemperer (1881–1960) ist bekannt
als Verfasser des Titels „LTI. Notizbuch eines Philologen" und der erfolg-
reich verlegten und inzwischen auch verfilmten Tagebücher aus den
Jahren 1933 bis 1945 „Ich will Zeugnis ablegen bis zum letzten".

Im Novemberpogrom von 1938 wurde die Synagoge verwüstet. Nachdem die Reformgemeinde aufgelöst worden war, fanden sich die ver-

bliebenen Mitglieder in der Aula der Joseph-Lehmann-Schule in der Joachimstaler Straße 13 zum Gottesdienst ein. Die wieder reparierte Synagoge in der Johannisstraße 16 wurde dagegen ab April 1940 zur Hauptsynagoge der Berliner Gemeinde – als Ersatz für die inzwischen von der Wehrmacht genutzte Neue Synagoge in der Oranienburger Straße. Im Zweiten Weltkrieg wurde der Tempel der Reformgemeinde durch Fliegerbomben zerstört und nach dem Krieg abgerissen.

NEUE SYNAGOGE

Oranienburger Straße 29 (Mitte), Tel. 345 43 64
Gottesdienste: Freitag 18.00 (Winter) bzw. 19.00 Uhr (Sommer),
Samstag 9.30 Uhr, Donnerstag 7.30 Uhr.

STIFTUNG NEUE SYNAGOGE BERLIN – CENTRUM JUDAICUM

Oranienburger Straße 29 (Mitte), Tel. 284 01–250
Öffnungszeiten: Sonntag bis Donnerstag von 10.00 bis 17.30 Uhr,
Freitag von 10.00 bis 13.30 Uhr.

Über den Dächern der Spandauer Vorstadt in Berlin-Mitte ist schon von weither die vergoldete Kuppel der Neuen Synagoge zu sehen. Wie bereits zum Zeitpunkt ihrer Errichtung ist sie auch heute wieder ein Wahrzeichen der Stadt. Sie steht als gleichsam unersetzliches Symbol für das „jüdische Berlin". In unmittelbarer Nachbarschaft der Synagoge befinden sich heute wieder verschiedene jüdische Gemeindeeinrichtungen, Restaurants und Cafés sowie die Jüdische Galerie. Allerdings ist das kein Vergleich zu den zahlreichen jüdischen Synagogen, Altersheimen, Krankenhäusern, Schulen, Kindergärten, Geschäften, Restaurants, Verwaltungsräumen, Vereinen und Organisationen, die in der Vorkriegszeit dieses Viertel zu einem Zentrum jüdischen Lebens in Berlin machten.

Wer die Fassadenseite der Neuen Synagoge in der Oranienburger Straße zum ersten Mal erblickt, ist in der Regel erstaunt über den ungewohnten Architekturstil, der an islamische Bauten der iberischen Halbinsel erinnert. In der Tat wurde der maurische Stil um die Mitte des vergangenen Jahrhunderts als besonders passend für Synagogen empfunden. Ein weiteres Beispiel für eine Synagoge im maurischen Stil findet sich z. B. in Budapest in der Dohany utca. Durch Reisebeschreibungen aus dem Orient und Kupfertafeln mit Abbildungen von maurischen Bauwerken wurde dieser Stil auch in Mitteleuropa bekannt. In den kunsthistorischen Erörterungen ab dem späten 17. Jahrhundert wird die Baukunst der Araber als Vorläufer der Gotik angesehen. In der Epoche der Romantik zu Beginn des 19. Jahrhunderts führte die Wertschätzung der Gotik zugleich zu einer Legitimierung der maurischen Architektur. Allerdings wurde sie zunächst nur für dekorative Zwecke und Privatbauten wie Villen, Schlösser und Pavillons und nicht bei christlichen Kirchen angewandt. Im Zuge der kurze Zeit später formulierten architekturtheoretischen Forderung, dass ein Bauwerk durch den Baustil charakterisiert sein solle, und in Anbetracht dessen, dass Kirchen zu dieser Zeit gern im neogotischen Stil errichtet wurden, ging man dazu über, Synagogen entsprechend der maurischen Architektur zu entwerfen.

Durch das starke Anwachsen der jüdischen Gemeinde in Berlin, besonders durch Zuzug aus dem Osten, wurde bereits Mitte des 19. Jahrhunderts der Neubau einer großen Synagoge notwendig. Der preußische König Friedrich Wilhelm IV. wollte den heutigen Michaelkirchplatz in Kreuzberg als Grundstück für den Neubau schenken, doch die Gemeinde lehnte ab, da der Platz zu weit von den damals bevorzugten Wohnvierteln in der Spandauer Vorstadt entfernt lag. Ein schwieriges, verwinkeltes Grundstück in der Oranienburger Straße 30, das der Gemeinde bereits gehörte, wurde als Bauplatz vorgezogen. Auf der Rückseite des Geländes, an der Auguststraße, wurde 1858 bis 1861 das neue Jüdische Krankenhaus gebaut, entworfen von dem christlichen Baumeister und Schinkelschüler **Eduard Knoblauch** (1801–1861). In der Oranienburger Straße befanden sich bereits das alte Jüdische Krankenhaus und ein jüdisches Waisenhaus für Mädchen. Im April 1857 wurde unter dem Vorsitz des vielbeschäftigten Knoblauch ein Wettbewerb für die Synagoge ausgeschrieben.

Da dieser zu keinem befriedigenden Ergebnis führte, wurde Knoblauch selbst beauftragt. Er leitete nicht nur bereits den Neubau des Jüdischen Krankenhauses, sondern auch den Umbau der Synagoge in der Heidereutergasse und hatte sich so der Gemeinde empfohlen. Wegen schwerer Erkrankung wurde Knoblauch ab 1859 von seinem Kollegen

Neue Synagoge

Friedrich August Stüler (1800–1865) abgelöst. Im Mai 1859 begann der Bau, und schon im Juli 1861 wurde Richtfest gefeiert. Doch durch die aufwendige Innenausstattung und kriegsbedingte Materialknappheit kam es zu erheblichen Verzögerungen. So konnte die fertig gestellte Synagoge erst am 5. September 1866 – unter Anwesenheit des preußischen Ministerpräsidenten Otto von Bismarck – eingeweiht werden.

Die größte Synagoge Deutschlands bot 1800 Männern und 1200 Frauen Platz. Die farblich überaus reiche und dekorative Innenausstattung, das raffinierte Beleuchtungssystem und die technisch kühnen Gewölbekonstruktionen aus Eisen begeisterten Juden wie Nichtjuden gleichermaßen. Die Neue Synagoge wurde bald zu einer Sehenswürdigkeit Berlins und zu einem Denkmal der Baukunst. Sie war die teuerste, größte, repräsentativste und prächtigste deutsche Synagoge überhaupt.

In einem anonymen Artikel der konservativen Kreuz-Zeitung, der von Theodor Fontane verfasst wurde, heißt es: „Wer sich für architektonische Dinge interessiert, für die Lösung neuer, schwieriger Aufgaben innerhalb der Baukunst, dem empfehlen wir einen Besuch dieses reichen jüdischen Gotteshauses, das an Pracht und Großartigkeit der Verhältnisse alles weit in den Schatten stellt, was die christlichen Kirchen unserer Hauptstadt aufzuweisen haben."

Doch wenige Jahre später wurden auch andere Stimmen laut. Antisemiten sahen in dem orientalisch wirkenden Prunkbau ein Indiz für die von ihnen behauptete Fremdheit und den vorgeblichen Reichtum der Juden. So schreibt z. B. der Historiker Heinrich von Treitschke im Jahre 1879: „(…) erwägt man die charakteristische Tatsache, dass das schönste und prächtigste Gotteshaus der deutschen Hauptstadt eine Synagoge ist – was natürlich nicht den Juden, sondern den Christen zum Vorwurfe gereicht –, so lässt sich schlechterdings nicht in Abrede stellen, dass die Juden in Deutschland mächtiger sind als in irgend einem Lande Westeuropas."

Die hebräische Inschrift über den Portalen stammt aus dem biblischen Buch des Propheten Jesaja und lautet in deutscher Übersetzung: „Öffnet die Tore, und es kommt das gerechte Volk, das die Treue wahrt." Da die Neue Synagoge mit der eingebauten Orgel und dem deutschsprachigen Gottesdienst mit Chormusik zu einem Zentrum des Reformjudentums wurde und zugleich durch ihre Pracht auch nichtjüdische

Besucher anzog, war sie den orthodoxen Kreisen der jüdischen Gemeinde ein Dorn im Auge. Sie übersetzten den Jesaja-Vers spöttisch und polemisch folgendermaßen: „Öffnet die Tore, und es kommt der Nichtjude. Der Gerechte (aber) wahrt die Treue." Mit den Gerechten waren die orthodoxen Juden gemeint.

Louis Lewandowski wirkte ab 1866 in der Neuen Synagoge als Kantor. Er komponierte eine eigene Liturgie für den liberalen Gottesdienst der Neuen Synagoge sowie zahlreiche Werke für Chor und Orgel. Neu war auch die Durchführung von öffentlichen Konzertveranstaltungen außerhalb der Gottesdienstzeiten und ganz selbstverständlich auch für nichtjüdische Besucher. Meistens dienten diese Konzerte einem wohltätigen Zweck. Am 29. Januar 1930 wurden im Rahmen eines Synagogenkonzerts unter der Leitung von Hermann Jadlowker auch zwei Violinduos von Händel und Bach aufgeführt. Die Solisten hießen Albert Einstein (1879–1955) und Alfred Lewandowski, Sohn von Louis Lewandowski. Kaum jemand konnte ahnen, wie grundlegend sich nur einige Jahre später durch den Machtantritt der Nationalsozialisten alles ändern sollte.

In der Pogromnacht vom 9./10. November 1938 konnte der Reviervorsteher **Wilhelm Krützfeld** (1880–1953) die randalierenden Horden am weiteren Brandschatzen hindern. Der Polizist berief sich dabei auf die seit der Kaiserzeit geltende Denkmalschutzorder und alarmierte die Feuerwehr, die den Brand löschen konnte. Obwohl Krützfeld keinerlei dienstliches Vergehen nachzuweisen war, wurde er zur Strafe für sein couragiertes Eingreifen versetzt und musste mehr Dienste und Urlaubsvertretungen machen. Im Jahre 1942 reichte er seine vorzeitige Pensionierung ein, die aber erst ein Jahr später bewilligt wurde. Der 1953 in Berlin gestorbene Krützfeld wurde 1995 mit einer Gedenktafel an der Fassade der Neuen Synagoge, die über seine Tat mit wenigen Worten informiert, geehrt. Eine Polizeischule in Schleswig-Holstein trägt heute ihm zu Ehren seinen Namen. Es ist dem Berliner Schriftsteller und Feuilletonisten Heinz Knobloch zu verdanken, dass die Rettungstat von Krützfeld heute bekannt ist und dieser posthum geehrt wurde.

In diesem Zusammenhang auch erwähnenswert ist, dass es sich bei dem oft gedruckten Foto der brennenden Synagoge in der Oranienburger Straße nicht um eine Aufnahme vom Novemberpogrom 1938 handelt, sondern um eine Fälschung der Nachkriegszeit. Auf dem Bild fehlt das östliche Türmchen, das erst beim Bombenangriff im November 1943 zerstört wurde. Die Rauchschwaden wurden offensichtlich in eine andere – ansonsten identische – Fotografie der zerstörten Synagoge nachträglich hineinretuschiert, wobei der Ausschnitt der Vorlage etwas verkleinert wurde.

Von April 1939 bis zum 30. März 1940 konnte die Synagoge wieder für Gottesdienste genutzt werden. Danach wurde sie von der Wehrmacht als Lagerhaus für Uniformen missbraucht. Bei einem Luftangriff in der Nacht vom 22. zum 23. November 1943 wurde sie zerstört und brannte aus. Im Sommer 1958 wurde die zerstörte Haupthalle der Synagoge gesprengt; die genauen Gründe dafür sind heute nicht bekannt. Offensichtlich hatten die Verantwortlichen in der DDR damals nicht das geringste Interesse an einem Wiederaufbau eines jüdischen Gotteshauses. Die rußverschmutzte, kuppellose Ruine des vorderen Teils der Synagoge blieb stehen und ließ kaum noch etwas von der einstigen Schönheit der Vorkriegssynagoge erahnen. Eine mit dem Datum vom 5. September 1966 versehene Gedenktafel ist noch heute an der Fassade zu sehen. Ihre Inschrift erinnert an die „Kristallnacht", wobei dieser Begriff unreflektiert ohne Anführungszeichen verwendet wurde.

Am 4. Juli 1988 wurde die **Stiftung Neue Synagoge Berlin – Centrum Judaicum** gegründet. Dafür musste eigens ein Stiftungsgesetz, das in der DDR schon lange abgeschafft worden war, verabschiedet werden. Die heute noch existierende Stiftung ist mittlerweile eine Einrichtung der Stadt und juristisch unabhängig von der Jüdischen Gemeinde. Der seit der Gründung der Stiftung amtierende Direktor ist Dr. **Hermann Simon**, Autor verschiedener Veröffentlichungen zur Geschichte der Synagoge und des benachbarten ehemaligen Jüdischen Museums sowie des äußerst informativen und reich illustrierten Begleitbuchs zur ständigen Ausstellung in der Neuen Synagoge.

Das Ziel der Stiftungsgründung war der Wiederaufbau der noch vorhandenen Bausubstanz der Neuen Synagoge und die nachfolgende Nutzung als jüdische Gemeindeeinrichtung und Ausstellungsräumlichkeit. An der Grundsteinlegung am 10. November 1988 nahm auch der damalige DDR-Regierungschef Erich Honecker teil. Der Grund für das plötzlich erwachte Interesse der DDR-Regierung an jüdischen Synagogen und Friedhöfen war ein außenpolitischer: Honecker wünschte sich einen

Staatsbesuch in den USA, um internationale Reputation und die „wirtschaftlich wichtige Meistbegünstigungsklausel" im Außenhandel mit Amerika zu erhalten. Mit einer groß angelegten Kampagne zum bevorstehenden 50. Jahrestag des Novemberpogroms von 1938 hoffte Honecker, die jüdische Lobby in den USA für seine Zwecke zu gewinnen.

Die Neue Synagoge wurde nicht vollständig wieder aufgebaut, sondern nur der an der Straße liegende Gebäudeteil, in dem sich einst der Eingangsbereich und Verwaltungsräume der Gemeinde befanden. Die Hauptkuppel und die beiden ebenfalls mit Kuppeln bekrönten Ecktürme wurden detailgetreu nachgebaut beziehungsweise rekonstruiert. Das Richtfest wurde am 29. Oktober 1990 begangen. Seit Juni 1991 funkelt auch wieder ein vergoldeter Davidstern auf der etwa 50 Meter hohen Kuppel. Die Renovierung konnte am 7. Mai 1995 mit der Neueinweihung abgeschlossen werden. Die alte Bausubstanz und die Ergänzungen der Rekonstruktion sind an vielen Stellen als solche sichtbar gemacht worden. Die unteren Räume beherbergen die ständige Ausstellung. Im Obergeschoss befindet sich ein geräumiger Saal, der für Wechselausstellungen, Festveranstaltungen, Vorträge und Podiumsdiskussionen genutzt werden kann. Ein kleiner Betsaal, in dem heute wieder Gottesdienste nach reformiertem Ritus stattfinden, wurde unlängst eingerichtet. Im aufwendig restaurierten Vestibül, Treppenhaus und ehemaligen Repräsentantensaal bekommt der Besucher eine ungefähre Ahnung von der früheren schmuckvollen Ausstattung. Die vollständig verglaste Rückfront erlaubt einen Blick auf das frei gelassene Grundstück, auf dem einst die Haupthalle der Synagoge stand. Acht marmorne Säulen kennzeichnen den früheren Standort des Toraschreins.

Während der Baumaßnahmen wurde am 19. Oktober 1989 überraschend die Ewige Lampe (hebräisch *Ner Tamid*), die einst vor dem Toraschrein hing, im Männervestibül gefunden. Entdeckt wurde sie von zwei aufmerksamen Bauarbeitern in der 1943 eingezogenen Trümmerschutzdecke aus Beton. Wahrscheinlich wurde die Lampe, die sich ursprünglich 80 Meter entfernt befand, zusammen mit anderen Metallgegenständen zur Verstärkung des Betons verwendet. Die Inschrift auf der aus Neusilber gefertigten und inzwischen restaurierten Lampe gilt ihren Stiftern Julius und Lydia Jacoby sowie Adolph und Cäcilie Jacoby. Julius Jacoby (1824–1915), der seit 1878 dem Vorstand der Jüdischen Gemeinde angehörte, übernahm 1901 den Vorsitz.

In der ständigen Ausstellung werden Dokumente, Bilder und Gegenstände zur Geschichte der Synagoge, zu ihrem teilweisen Wiederaufbau und zur jüdischen Stadtgeschichte, besonders hinsichtlich der näheren Umgebung der Spandauer Vorstadt, gezeigt. Auch die wenigen Fundstücke aus der Zeit der Restaurierungsarbeiten wie die Ewige Lampe sind ausgestellt.

Der benachbarte Neubau in der Oranienburger Straße 29 wurde im Juli 1993 fertig gestellt. In diesem Gebäude sind neben Büroräumen auch die Gemeindebibliothek und die Jüdische Volkshochschule untergebracht. Der mit einer Sicherheitsschleuse versehene Eingang dieses Hauses ist gleichzeitig der Zugang für die Besucher der Neuen Synagoge.

Ebenfalls einen Besuch wert sind die benachbarten, schick sanierten Heckmannhöfe, die die Oranienburger Straße mit der Auguststraße verbinden. Von hier aus ist auch die Rückfront des rekonstruierten Teils der Synagoge mit der verglasten Schutzkonstruktion zu sehen.

SYNAGOGE LINDENSTRASSE 48–50 (KREUZBERG)*

Die Synagoge in der Lindenstraße (heute: Axel-Springer-Straße) wurde in den Jahren 1890 bis 1891 nach dem Entwurf des Architektenbüros Cremer & Wolffenstein erbaut und am 27. September 1891 eingeweiht. Der Backsteinbau im neoromanischen Stil wurde im Hinterhof errichtet und bot 1800 Gläubigen Platz. Im Innenraum waren die einzelnen Rippen des Kreuzgewölbes und der Hauptbogen über Toraschrein und Vorbeterpult farbig bemalt. Der Gottesdienst wurde nach liberalem Ritus unter Einbeziehung von Orgelmusik durchgeführt. Eine Religionsschule, Gemeindewohnungen sowie verschiedene soziale Einrichtungen waren im Vorderhaus untergebracht. Die Anlage mit einem unscheinbar wirkenden Vorderhaus und einem geschützt dahinter liegenden jüdischen Gotteshaus wurde zum Vorbild für weitere Synagogenbauten in Berlin. In der Pogromnacht im November 1938 wurde die Einrichtung der Synagoge demoliert. In der Folgezeit diente sie als Getreidespeicher. Das im Krieg zerstörte Gebäude wurde im Jahre 1956 abgerissen. In die Tordurchfahrt des hier neu erbauten Bürogebäudes sind drei Tafeln mit Informationen zur Synagoge eingelassen. Im Hinterhof deutet eine Installation von Zvi Hecker, Micha Ullman und Eyal Weizman mit stilisierten Bänken die ursprüngliche Lage der Sitzreihen der Synagoge an.

SYNAGOGE LÜTZOWSTRASSE 16 (TIERGARTEN) *

Die Synagoge in der Lützowstraße, nach dem Vorbild jener in der Lindenstraße und ebenfalls von dem Architektenteam Cremer & Wolffenstein entworfen, wurde in den Jahren 1897 bis 1898 erbaut und am 11. September 1898 eingeweiht. In einem Vordergebäude befanden sich die Religionsschule, Sozialeinrichtungen sowie einige Dienstwohnungen. Die eigentliche Synagoge lag auch hier verborgen auf dem Hinterhof, auf den man durch eine schmale Toreinfahrt gelangte. Auf einem kreuzförmigen Grundriss erhob sich ein neogotischer Backsteinbau mit knapp 1900 Sitzplätzen. Auch hier fanden die Gottesdienste nach liberalem Ritus und mit Orgelmusik statt. In der Nacht vom 9. zum 10. November 1938 wurde die Synagoge kaum beschädigt, da wegen der umliegenden Gebäude kein Feuer gelegt werden konnte. Bis zum Pessachfest im April 1940 hielt man hier noch Gottesdienste ab. Nach den schweren Zerstörungen durch Bombenangriffe musste die Ruine nach dem Krieg, im Jahre 1954, abgerissen werden. Auf dem Grundstück der ehemaligen Synagoge wurde inzwischen ein Bürogebäude errichtet, an dem eine Gedenktafel zur Erinnerung an das einstige Gotteshaus angebracht ist.

ISRAELITISCHE SYNAGOGEN-GEMEINDE – ADASS-JISROEL

Tucholskystraße 40 (Mitte), Tel. 281 31 35
Öffnungszeiten: Montag bis Donnerstag von 9.30 bis 17.30 Uhr,
Freitag von 9.30 bis 15.00 Uhr.
Gottesdienste: Freitag 17.00 (Winter) bzw. 18.30 Uhr (Sommer),
Samstag 9.30 Uhr.

Als sich die Jüdische Gemeinde zu Berlin zunehmend liberalisierte und die Neue Synagoge zum Zentrum des Reformjudentums wurde, wollten und konnten nicht alle ihre Mitglieder dieser Entwicklung folgen.

So wurde im Juni 1869 die „Gesetzestreue jüdische Religionsgesellschaft Adass-Jisroel" gegründet. Die Vereinigung ist 1876 aus der Berliner Gemeinde ausgetreten und wurde am 9. September 1885 offiziell als selbstständige Religionsgemeinschaft zugelassen. Ihr erster Rabbiner **Esriel Hildesheimer** (1820–1899) gehörte zusammen mit **Samson Raphael Hirsch** (1808–1888) zu den bedeutendsten Vertretern der neo-orthodoxen Bewegung in Deutschland. Die jüdische Neo-Orthodoxie versuchte das gesetzestreue Leben gemäß der *Halakha*, dem jüdischen Religionsgesetz, mit der Offenheit für die Kultur und Bildung der nichtjüdischen Umwelt zu verbinden.

Das Gemeindezentrum von Adass-Jisroel – mit Synagoge, rituellem Tauchbad (hebräisch *Mikwe*), Knabenschule, eigenem Rabbinerseminar und einer Talmud-Tora-Schule befand sich zunächst in der Gipsstraße. Ab 1873 wurde ein eigener Friedhof in der Wittlicher Straße 2 (Weißensee) unterhalten, auf dem 1880 die erste Beerdigung stattfand.

Im Jahre 1904 wurde das neue Gemeindezentrum in der ehemaligen Artilleriestraße (heute: Tucholskystraße) eingeweiht. Die Synagoge, die sich im zweiten Hinterhof befand und 800 Plätze besaß, entwarf **Johann Höniger** (1850–1913). Sie gewann damals einen Architekturpreis als schönstes Sakralgebäude Deutschlands. Das Pogrom von 1938 überstand die Synagoge mit leichten Verwüstungen, doch im Zweiten Weltkrieg wurde sie von Fliegerbomben zerstört. Die Ruine wurde 1967 abgerissen. Ein durch die Toreinfahrt gut sichtbarer Davidstern über dem Portal des ersten Hinterhofhauses hat sich durch die Wirren der Zeit auf dem Giebel des Tores erhalten.

Die Adass-Jisroel-Gemeinde eröffnete im Jahre 1924 in Siegmunds Hof 11 (Tiergarten) ein zweites Gemeindezentrum. Sie unterhielt auch das Israelitische Krankenhaus in der Elsasserstraße (heute: Torstraße). Im Dezember 1939 wurde die Gemeinde von der Gestapo aufgelöst und zwangsweise in die Reichsvereinigung der Juden in Deutschland eingegliedert.

Am 18. Dezember 1989 kam es durch Initiative von Mario Offenberg, dem Nachfahren eines früheren Gemeindemitglieds, nach langwierigen Verhandlungen mit der DDR-Regierung zur Neugründung von Adass-Jisroel.

Zu *Purim* 1990 konnte eine neue Synagoge im ersten Hinterhofgebäude in der Tucholskystraße eingeweiht werden. Seitdem amtiert hier der Rabbiner Eliezer Ebner. Ein eigenes koscheres Restaurant der Gemeinde, das Beth Café, eröffnete 1991, und gleich um die Ecke, in der Auguststraße 77/78, befindet sich seit 1992 ein von Adass-Jisroel betriebener koscherer Laden mit dem Namen Kol Bo.

Im Jahre 1992 zählte die Gemeinde etwa 250 Mitglieder. Nach langen Streitigkeiten mit der Berliner Einheitsgemeinde wurde Adass-Jisroel 1994 vom Berliner Verwaltungsgericht der rechtliche Status einer selbstständigen jüdischen Gemeinde zuerkannt.

SYNAGOGE RYKESTRASSE 53 (PRENZLAUER BERG)

Tel. 448 52 98
Gottesdienste: Freitag 18.00 (Winter) bzw. 19.00 Uhr (Sommer),
Samstag 9.30 Uhr.

Die gewaltige Synagoge in der Rykestraße befindet sich ebenfalls auf einem Hinterhof, in den man durch zwei mit Rundbögen versehene Tordurchfahrten gelangt. Auch sie ist von dem Gemeindearchitekten Johann Höniger entworfen. Der flache Backsteinbau im neoromanischen Stil wurde in den Jahren 1903 bis 1904 errichtet. Die reich geschmückten dreieckigen Eingangsgiebel und der mit Rundbögen aufgelockerte Hausgiebel erinnern an die mittelalterliche Architektursprache der märkischen Umgebung. Das Gotteshaus wurde wie die Adass-Jisroel-Synagoge am 4. September 1904 eingeweiht.

Die Synagoge Rykestraße bietet 2000 Besuchern Platz. Der reich ornamentierte Hauptbogen über dem Toraschrein weist die einzigen Malereien in dem ansonsten eher schlichten Innenraum auf. Für den ursprünglich reformierten Gottesdienst wurden eine Orgel und eine Chorempore eingebaut. Damals saßen hier Männer und Frauen auch noch nicht getrennt, wie es heute Praxis ist. Die Pogromnacht von 1938 überstand die Synagoge aufgrund ihrer Hinterhoflage relativ unbeschadet. Im Krieg wurde sie von der Wehrmacht genutzt.

Nach ihrer Sanierung im Jahre 1953 war sie die einzige Synagoge der kleinen Jüdischen Gemeinde Ost-Berlins. Der ostdeutsche Landesrabbiner **Martin Riesenburger** (1896–1965) wirkte bis zu seinem Tod 1965 in der Synagoge, der von ihm der Name „Friedenstempel" verliehen wurde. Die größte Synagoge Deutschlands ist nur noch an Hohen Feiertagen gut gefüllt. Zu den gewöhnlichen Gottesdiensten, die heute dem konservativen Ritus folgen, wird für die wenigen Besucher der ehemalige Trausaal geöffnet.

Im Vorderhaus, das schon in den 30er Jahren eine Religions- und eine Volksschule beherbergte, wurden im Herbst 1999 Schul- und Büroräume der **Ronald-S.-Lauder-Foundation** eingerichtet. Diese 1987 von dem Sohn von Estée Lauder, der Gründerin der gleichnamigen Kosmetikfirma, ins Leben gerufene Stiftung fördert jüdisches Leben in Mittel- und Osteuropa und bildet Lehrer und Erzieher aus, die anschließend ihr Wissen über die jüdische Tradition vermitteln sollen.

SYNAGOGE MÜNCHENER STRASSE 37 (SCHÖNEBERG) *

Die Schöneberger Synagogen-Vereinigung erwarb 1909, im Jahr ihrer Gründung, ein Grundstück im Bayerischen Viertel, um für die dort ansässigen orthodoxen Juden eine Synagoge zu bauen. Der zweigeschossige Kuppelbau mit Jugendstilelementen wurde im darauffolgenden Jahr im Hinterhof errichtet. Über 800 Gottesdienstbesucher hatten hier Platz. Im Vorderhaus befanden sich eine Schule und Dienstwohnungen. Der im Jahre 1917 gegründete „Wohlfahrtsverein *Ahawat-Achim* (hebräisch ‚Nächstenliebe') der jüdischen Bewohner von Schöneberg und Wilmersdorf" richtete in den krisengeschüttelten 20er Jahren im Keller des Vorderhauses eine so genannte Mittelstandsküche für verarmte Bewohner des Viertels ein.

Während des Novemberpogroms von 1938 wurde auch diese Synagoge nicht zerstört, weil sie von Wohnhäusern umgeben war. Die Nationalsozialisten planten, in ihr eine antijüdische Hetzausstellung zu zeigen. Für diesen Zweck raubten sie über 500 Torarollen und zahllose jüdische Kultgegenstände, die in jüdischen Einrichtungen zwischengelagert waren. Jene Schriftrollen, die im Israelitischen Krankenhaus in der Elsasser Straße untergebracht waren, konnten durch den mutigen Einsatz des Leiters der jüdischen Friedhofsverwaltung, Arthur Brass, gerettet werden. In der Synagoge in der Münchener Straße wurde ab 1941 eine Sammelstelle für Gegenstände, die Juden nicht länger besitzen durften, untergebracht. Im Zweiten Weltkrieg wurde das Vordergebäude völlig und die Synagoge teilweise zerstört. An die 1956 abgerissene Synagoge, auf deren Gelände sich heute ein Schulhof befindet, erinnert ein kubistischer Gedenkstein. Er besteht aus quaderförmigen Steinblöcken, die prismatisch ineinander verschränkt sind. Ein siebenarmiger Leuchter, die *Menora*, und eine Inschrift sind reliefartig herausgearbeitet worden. Der Text auf der Bodenplatte vor dem Gedenkstein, die erst vor einigen Jahren angefertigt wurde, informiert über die einstige Synagoge. Das Mahnmal wurde von Gerson Fehrenbach geschaffen und bereits 1963 aufgestellt.

SYNAGOGE FASANENSTRASSE* UND NEUES JÜDISCHES GEMEINDEZENTRUM

Fasanenstraße 79/80 (Charlottenburg), Tel. 880 28–0
Öffnungszeiten: Montag bis Donnerstag von 9.00 bis 18.00 Uhr,
Freitag bis 15.00 Uhr.

Anfang des 20. Jahrhunderts beschloss die Jüdische Gemeinde zu Berlin eine neue Synagoge in der Fasanenstraße zu errichten, die – erstmals seit der Neuen Synagoge in der Oranienburger Straße – nicht unauffällig in einem Hinterhof versteckt liegen sollte. Im Jahre 1907 wurde ein Wettbewerb für den Synagogenneubau ausgeschrieben, der drei erste Preise ergab; schließlich bekam der Architekt Ehrenfried Hessel den Zuschlag. Sein Entwurf sah einen gewaltigen, rechteckigen Bau mit drei Kuppeln vor. Ein minarettartiger Turm und weitere orientalisierende Elemente wurden später verworfen. Einige Tage nach der Einweihung vom 26. August 1912 kam Kaiser Wilhelm II. zur offiziellen Besichtigung. Im Novemberpogrom 1938 brannte die Synagoge lichterloh und wurde schwer beschädigt. Den Rest besorgten die Fliegerbomben des Zweiten Weltkrieges, und 1957/58 wurde die immer noch gewaltige Ruine abgerissen.

An gleicher Stelle wurde ein neues **Jüdisches Gemeindezentrum** errichtet, das von Dieter Knoblauch und Heinz Heise entworfen wurde. Es konnte am 27. September 1959 eingeweiht werden. Das Eingangsportal des eher nüchternen Zweckbaus ist mit Fassadenteilen der alten Synagoge gestaltet.

In dem Zentrum sind außer Büroräumen und einem Saal, der mit seinen 600 Plätzen auch als Betraum genutzt werden kann, noch die Jüdische Volkshochschule, die Gemeindebibliothek und das koschere Restaurant Arche Noah untergebracht. Im Foyer stehen Vitrinen mit Kultgegenständen und eine Büste von Moses Mendelssohn. Mehrere Gedenktafeln erinnern an den ermordeten Außenminister der Weimarer Republik Walther Rathenau, den ehemaligen Gemeindevorsitzenden Heinrich Stahl (1868–1942), den einstigen Vorsitzenden des „Centralvereins deutscher Staatsbürger jüdischen Glaubens" Otto Hirsch, die Gründerin einer Organisation zur Förderung der Jugendeinwanderung nach Palästina Recha Freier (1892–1984) und die Sänger Richard Tauber (1892–1948) und Joseph Schmidt (1904–1942).

Seit 1987 mahnt auf dem Vorplatz eine stilisierte Torarolle, entworfen von dem Bildhauer Richard Heß, mit den biblischen Worten in hebräischen und deutschen Buchstaben: „Ein Gesetz sei für den Bürger und den Fremden, der mit euch ist."

SYNAGOGE PESTALOZZISTRASSE 14 (CHARLOTTENBURG)

Tel. 313 84 11
Gottesdienste: Freitag 18.00 (Winter) bzw. 19.00 Uhr (Sommer), Samstag 9.30 Uhr.

Die Synagoge in der Pestalozzistraße befindet sich auf einem Hinterhof und wurde 1912 als private Vereinssynagoge eingeweiht. Betty Sophie Jacobson, eine Geschäftsfrau aus Charlottenburg, stellte das Grundstück zur Verfügung. Der backsteinerne Bau, der von Ernst Dorn im neoromanischen Stil entworfen wurde, war für 1400 Besucher des orthodoxen Gottesdienstes ausgelegt. Im Jahre 1919 wurde die Synagoge der Gemeinde übereignet. Der Brand in der Pogromnacht 1938 wurde von der Feuerwehr gelöscht, um ein Übergreifen auf die benachbarten Häuser zu verhindern.

Die ersten jüdischen Nachkriegsgottesdienste im Sommer 1945 fan-

Eingangsportal vom Jüdischen Gemeindezentrum in der Fasanenstraße

Synagoge Pestalozzistraße

den in dieser fast unbeschädigten Synagoge statt, die 1947 nach der Restaurierung erneut eingeweiht wurde. Heute finden hier Gottesdienste nach einem eigenen liberalen Ritus mit Orgel- und Chormusik statt; Männer und Frauen sitzen jedoch getrennt. Die Gebete werden fast durchgehend vom Kantor und dem gemischten Chor, der auf der Empore über dem Toraschrein sitzt, in hebräischer Sprache gesungen. Der bekannte Sänger **Estrongo Nachama** war bis zu seinem Tod Anfang 2000 der langjährige Oberkantor. Die Gemeinde erwidert nur an wenigen Stellen wie z. B. dem *Lecha Dodi*, dem *Schma* und dem *Kaddisch*. Die Predigt, einzelne Segenssprüche und Ansagen erfolgen in deutscher Sprache. Das ausliegende Gebetbuch, das eigens für diese Synagoge und ihre Liturgie gedruckt wurde, bietet nicht nur den hebräischen Text, sondern auch eine deutsche Übertragung auf der jeweils gegenüberliegenden Seite.

Der helle und dezent geschmückte Kuppelraum ist auch an gewöhnlichen Freitagabenden gut gefüllt. Die Gottesdienste in dieser Synagoge sind besonders Besuchern zu empfehlen, die ohne Hebräischkenntnisse einen ersten Eindruck gewinnen wollen.

SYNAGOGE LEVETZOWSTRASSE 7/8 (TIERGARTEN)*

Der Gemeindearchitekt Johann Höniger entwarf für die zahlreichen Juden, die in Moabit und besonders im Hansaviertel lebten, eine große Synagoge, mit mehr als 2000 Sitzplätzen, im neoklassizistischen Stil. Sie wurde im Jahre 1914 eingeweiht und beherbergte auch eine Religionsschule und Gemeindewohnungen. Das Eingangsportal mit einem dreieckigen Giebel, der nur von einem Davidstern geschmückt war, wurde von vier dorischen Säulen getragen. Die Synagoge überstand die Pogromnacht 1938 und auch den Zweiten Weltkrieg nur leicht beschädigt. Doch obwohl sie gut wieder hätte restauriert werden können, wurde sie 1955/56 abgerissen.

Eine aufwendige Gedenkanlage, gestaltet von Peter Herbrich, Jürgen Wenzel und Theseus Bappert, erinnert heute daran, dass die Synagoge ab 1941 als Sammellager für Juden, die deportiert werden sollten, missbraucht wurde. Ein Eisenbahnwaggon symbolisiert die Deportationszüge, die damals vom Bahnhof Putlitzstraße abfuhren. In den Boden wurden Platten mit den eingravierten Ansichten von Berliner Synagogen eingelassen.

SYNAGOGE FRAENKELUFER 10 (KREUZBERG)

Tel. 614 51 31
Gottesdienste: Freitag 18.00 (Winter) bzw. 19.00 Uhr (Sommer),
Samstag 9.30 Uhr.

Die Synagoge am ehemaligen Kottbusser Ufer 48–50, von dem Gemeindebaumeister **Alexander Beer** (1873–1943) im neoklassizistischen Stil erbaut, wurde 1916 eingeweiht. Die dreischiffige Basilika bot 2000 Gläubigen Platz; der Gottesdienst wurde nach orthodoxem Ritus gefeiert. Die imposante Eingangsfront war mit vier dorischen Säulen, Architrav und dreieckigem Giebel versehen. Die Synagoge lag eingebettet in ein Gemeindezentrum mit Gemeinde- und Wohnräumen, Wochentags- und Jugendsynagoge. Im Jahre 1925 wurde in den Gemeinderäumen zusätzlich ein Kinderhort und 1935 eine Wohlfahrtsküche eingerichtet. In der Pogromnacht im November 1938 brannte die Synagoge aus und wurde ab 1942 von der Gestapo als Magazin für geraubtes jüdisches Eigentum genutzt. Fliegerbomben zerstörten im Krieg die Hauptsynagoge, und die Ruine wurde 1958/59 abgerissen. Erhalten ist heute nur noch der Seitenflügel, in dem ursprünglich die Wochentags- und Jugendsynagoge untergebracht war. Eine Gedenktafel, die Cornelia Lengfeld entworfen hat, wurde 1989 angebracht und 1995 erweitert.

SYNAGOGE MARKGRAF-ALBRECHT-STRASSE 11/12 (WILMERSDORF)*

Die Synagoge in der Markgraf-Albrecht-Straße wurde im Jahre 1921 erbaut. Der Gottesraum bot 1450 Sitzplätze. Salomon Goldberg, der Betreiber des Luna-Parks am Halensee, finanzierte den Bau der liberalen Synagoge, die „Friedenstempel" genannt wurde. Manfred Lewandowski, der Großneffe von Louis Lewandowski, dem Begründer der modernen Synagogalmusik, war hier als Oberkantor angestellt. Die Hauptgemeinde übernahm diese private Synagoge im Jahre 1928, als Goldberg die Unkosten für ihren Unterhalt nicht mehr länger übernehmen konnte. In der Pogromnacht von 1938 erlitt die Synagoge schwere Brandschäden, und die Ruine wurde 1959 abgetragen. An den Wohnhäusern, die auf dem Grundstück nach dem Krieg gebaut wurden, erinnert eine Gedenktafel an die einstige Synagoge.

SYNAGOGE PRINZREGENTENSTRASSE 69/70 (WILMERSDORF)*

Die Synagoge in der Prinzregentenstraße wurde am 16. September 1930 als letzte in Berlin vor der nationalsozialistischen Machtübernahme eingeweiht. Der Architekt des mächtigen Kuppelbaus war der Gemeindebaumeister Alexander Beer, der 1943 im KZ Theresienstadt ermordet wurde. Im vorgesetzten Gebäudeteil an der Straßenseite waren eine Religionsschule, eine Volksschule und Wohlfahrtseinrichtungen der Jüdischen Gemeinde untergebracht. Das Gotteshaus, das auch eine Orgel enthielt, hatte Platz für bis zu 2300 Besucher des liberalen Gottesdienstes. In der Pogromnacht von 1938 wurde die Synagoge durch Brandstiftung völlig zerstört. Sie wurde erst 1958 abgerissen. Inzwischen steht ein Wohnhaus des Allgemeinen Blindenvereins auf dem Grundstück; eine Gedenktafel erinnert an dessen Geschichte.

SYNAGOGE JOACHIMSTALER STRASSE 13 (CHARLOTTENBURG)

Tel. 884 20 30
Gottesdienste: täglich Morgen- (7.30 bzw. 8.00 Uhr, Samstag 9.30 Uhr) und Abendgottesdienste (eine halbe Stunde vor Sonnenuntergang, Freitag nach Sonnenuntergang).

Ursprünglich gehörte dieses Haus der jüdischen Loge *Bne Briss.* Ab 1933 wurde hier die Joseph-Lehmann-Schule der Jüdischen Reformgemeinde und ab 1939 auch die VIII. Volksschule der Jüdischen Gemeinde untergebracht. Nach der Teilung Berlins hatten in dem Gebäude verschiedene Gemeindebüros und die Niederlassungen von jüdischen Organisatio-

Synagoge Joachimstaler Straße

nen wie z. B. der Jüdische Nationalfond und die Women's International
Zionist Organisation (WIZO) ihren Sitz. Der große Saal, der einst der Loge
sowie als Aula und Turnhalle diente, wird heute täglich für Gottesdienste
nach orthodoxem Ritus genutzt. Ein rituelles Tauchbad (hebräisch *Mikwe*)
ist im Souterrain eingerichtet. Weiterhin beherbergt das Gebäude noch
einige Gemeindeverwaltungen sowie die Sozialabteilung, die Kultus-
verwaltung, Büros der Rabbiner und das Jugendzentrum der Jüdischen
Gemeinde.

SYNAGOGE HERBARTSTRASSE 26
(CHARLOTTENBURG)

Tel. 321 20 56
Gottesdienste: Freitag 17.30 (Winter) bzw. 18.00 Uhr (Sommer),
Samstag 9.30 Uhr.

Die kleine Synagoge in der Herbartstraße, die nur 135 Plätze aufweist,
gehört zu dem Komplex des Jeanette-Wolff-Seniorenheims und des Leo-
Baeck-Altenwohnheims und wurde im Jahre 1981 erbaut. Den funktio-
nalen, nüchternen Bau hat Hans Wolff Grohmann entworfen. Säulen
und Kultgegenstände, die aus der ehemaligen Synagoge des Altersheims in der Iranischen Straße stammen, sind behutsam integriert. Hier
finden Gottesdienste nach konservativem Ritus statt.

Bildungseinrichtungen

LEHRE UND LERNEN IM JUDENTUM

Das Judentum ist – wie das Christentum und der Islam auch – vor allem eine Buchreligion. Die Heilige Schrift, die Bibel, bildete nach der Tempelzerstörung das Zentrum des Judentums. Die Hebräische Bibel, die weitgehend mit dem christlichen Alten Testament identisch ist, besteht aus drei Teilen: **Tora, Propheten** und **Schriften**. Tora heißt eigentlich „Lehre, Weisung". Man unterscheidet zwischen der mündlichen und der schriftlichen Tora. Die mündliche Tora umfasst die Lehren, die nach der Tradition von Mose zu den Rabbinen überliefert wurden. Die schriftliche Tora besteht aus den fünf Büchern Mose, die zusammengefasst auch als Fünfbuch (hebräisch *Chummasch*) oder griechisch Pentateuch bezeichnet werden. Zu den prophetischen Büchern zählen die Geschichtsbücher (Josua, Richter, Samuel, Könige), die drei großen (Jesaja, Ezechiel und Jeremia) und die zwölf kleinen Propheten (Hosea bis Maleachi). Das Korpus der Schriften wird von den übrigen Büchern des biblischen Kanons (unter anderem Psalter, Hiob, Hohelied) gebildet.

Der **Talmud**, den es in zwei sehr unterschiedlichen Fassungen, als Babylonischen und Jerusalemer Talmud, gibt, ist so etwas wie eine umfangreiche Enzyklopädie. Vor allem beinhaltet er Diskussionen, Auslegungen und Kommentare zu den biblischen Geboten. Weiterhin finden sich darin aber auch zahllose Geschichten aus der Umwelt der Rabbinen, Schilderungen aus der Geschichte Israels, weisheitliche Sentenzen und das gesammelte Alltagswissen aus Landwirtschaft, Architektur und Handwerk.

Lernen ist im Judentum eine religiöse Pflicht, und Gelehrte gehören zu den angesehensten Persönlichkeiten. Die Fähigkeit zu lesen ist eine der elementarsten Grundlagen des religiösen Lebens, und es gab schon im Mittelalter kaum Analphabeten unter den Juden. In der traditionellen jüdischen Grundschule (hebräisch *Cheder*) lernten Jungen schon mit etwa drei Jahren das Lesen. Zuerst lernten sie die hebräische Schrift, um die Tora lesen zu können. Eine weiterführende Ausbildung konnte in der Talmudschule (hebräisch *Jeschiwa*) erfolgen, in der die rabbinischen Texte und mittelalterliche Kommentare studiert wurden. Das fromme Ideal des lebenslangen Lernens meinte vor allem das tägliche Lesen in Tora und Talmud.

Der jüdischen Aufklärung ist es zu verdanken, dass sich der Bildungshorizont schon für Schüler stark erweiterte. In Berlin wurden durch **Moses Mendelssohn** und seinen Schülerkreis die bahnbrechenden Entwicklungen im jüdischen Bildungs- und Erziehungswesen angestoßen. Die Schüler der neu gegründeten Jüdischen Freischule wurden nicht nur in hebräischer Sprache und religiöser Tradition, sondern auch in der deutschen Landessprache und in weltlichen Fächern wie Mathematik, Geographie und Geschichte unterrichtet. In der Folgezeit eröffneten erstmalig auch Mädchenschulen.

In den 30er Jahren unterhielt die Gemeinde 22 allgemeinbildende und 49 Religionsschulen. Alle jüdischen Bildungseinrichtungen wurden am 30. Juli 1942 zwangsweise geschlossen. Die letzten verbliebenen Schüler wurden zusammen mit ihren Lehrern in die Vernichtungslager deportiert.

Die Jüdische Volkshochschule war nach dem Krieg lange Jahre die einzige jüdische Bildungseinrichtung in Berlin. Erst in Verbindung mit dem Anwachsen der jüdischen Gemeinde infolge der Einwanderung russischer Juden und einem nun auch stärker nach außen gezeigten jüdischen Selbstbewusstsein wurden in den 90er Jahren wieder jüdische Schulen eröffnet.

JÜDISCHE GRUND- UND REALSCHULE, JÜDISCHES GYMNASIUM – EHEMALIGE JÜDISCHE FREISCHULE

Große Hamburger Straße 27 (Mitte)

Über dem Portal des Gebäudes in der Großen Hamburger Straße 27 hat eine steinerne Tafel die wechselvolle Geschichte überdauert. Ihre Inschrift lautet: „Knabenschule der Juedischen Gemeinde".

Schon am 13. Juli 1761 unterschrieben die bei Hofe einflussreichen Bankiers Veitel Heine Ephraim und Daniel Itzig eine Eingabe an den preußischen Staat, in der sie um die Erlaubnis baten, eine Schule stif-

Jüdische Schule in der Großen Hamburger Straße

Heinz-Galinski-Schule

ten zu dürfen. Sie wünschten die Erziehung der jüdischen Jugend, „damit sie einmal dem Staate nützliche Dinge zu leisten im Stande seien", wie es in dem Schreiben hieß. Im Jahre 1778 war es dann endlich soweit: Auf Initiative von **Moses Mendelssohn** wurde von **David Friedländer** (1750–1834), **Isaak Daniel Itzig** (1750–1806) und **Naphtali Herz Wessely** (1725–1805) die Jüdische Freischule gegründet.

Es war die erste Schule in Deutschland, die religiöse und säkulare Inhalte gleichermaßen unterrichtete. Die etwa 70 bis 80 jüdischen und auch christlichen Schüler stammten zumeist aus armen Elternhäusern. Viele der jüdischen Schüler wirkten nach ihrer Ausbildung als Lehrer in den ostpreußischen Provinzen. Dort verbreiteten sie häufig die Ideen der Berliner Haskala und setzten sich für die Emanzipation der Juden ein. Im Jahre 1819 untersagte die Schulkommission mit den Karlsbader Beschlüssen die gemeinsame Ausbildung von jüdischen und christlichen Kindern durch jüdische und christliche Lehrer. Im Jahre 1826 wurde die private Schule von der Jüdischen Gemeinde übernommen.

Die Jüdische Freischule befand sich zunächst in der Klosterstraße 35, ab 1806 dann in der Klosterstraße 9 und schließlich ab 1826 in der Rosenstraße 12. Seit 1863 ist die Schule auf dem Grundstück in der Großen Hamburger Straße untergebracht. Das heutige Gebäude wurde 1905/06 erbaut und am 26. November 1906 eingeweiht. Der Architekt war der Gemeindebaumeister Johann Höniger, der auch die Synagoge von Adass-Jisroel sowie die Synagogen in der Ryke- und in der Levetzowstraße entworfen hat. Im selben Haus war von 1859 bis 1925 auch eine Lehrerbildungsanstalt und ab 1919 die Hebräische Lehranstalt untergebracht. Im Jahre 1909 wurde eine Büste Moses Mendelssohns im Vorgarten der Schule aufgestellt, die 1941 von SA-Männern zerstört wurde. Im Jahre 1931 wurde die Knaben- mit der Mädchenschule zusammengelegt.

Die radikale Verschlechterung der politischen Lage mit der nationalsozialistischen Machtübernahme schlägt sich auch in den Schülerzahlen nieder: Waren es im Schuljahr 1932/33 noch 470 Schüler, wurden 1934 bereits 1025 gezählt. Am 30. Juni 1942 wurde die Schule wie alle anderen jüdischen Bildungseinrichtungen zwangsweise geschlossen. In der Folgezeit waren die Bewohner des benachbarten Altersheims, das geräumt und als Sammellager missbraucht wurde, bis zu ihrer Deportation in der ehemaligen Schule einquartiert. In der Aula wurden Gottesdienste unter der Leitung von Martin Riesenburger gehalten, aber auch Konzert- und Theatervorstellungen gegeben.

Nach jahrelangem Leerstand wurde das Gebäude in der DDR als Berufsschule für Industriekaufleute genutzt. Auf Anregung von Heinz Knobloch brachte man zum 250. Geburtstag von Friedrich Nicolai 1983 an der Fassade eine Tafel an, die ein Relief von Moses Mendelssohn und sein Lebensmotto „Nach Wahrheit forschen, Schönheit lieben, Gutes wollen, das Beste tun" zeigt. Der Entwurf stammt von Gerhard Thieme. Dass auf dieser Tafel Moses Mendelssohn als Gründer der Freischule bezeichnet wird, ist historisch nicht ganz korrekt.

Nach der Wiedervereinigung wurde dem Antrag auf Rückübertragung an die Jüdische Gemeinde stattgegeben. Seit August 1992 wird das Haus von der Jüdische Gemeinde als Grundschule genutzt. Ein Jahr später, am 6. August 1993, wurden eine Jüdische Realschule und ein Gymnasium gegründet. Hebräisch wird im Gymnasium ab der neunten Klasse als dritte Fremdsprache angeboten. Zusätzlich wird den Schülern auch Grundwissen in jüdischer Religion und Geschichte vermittelt. Die private Ganztagsschule besuchen auch nichtjüdische Schüler, die meist aus christlichen und akademischen Elternhäusern stammen. Wie alle jüdischen Einrichtungen in der Stadt wird auch diese Schule durch massive Schutzvorrichtungen vor möglichen rechtsradikalen Anschlägen gesichert.

EHEMALIGE HOCHSCHULE FÜR DIE WISSENSCHAFT DES JUDENTUMS

Tucholskystraße 9 (frühere Artilleriestraße 14; Mitte)

Leopold Zunz und **Eduard Gans** (1798–1839) gründeten im Jahre 1819 den „Verein für Cultur und Wissenschaft der Juden", dem zeitweilig auch Heinrich Heine (1797–1856) angehörte. Das neu formulierte Programm einer Wissenschaft des Judentums beinhaltete ein wissenschaftlich-kritisches Studium der geschichtlichen Entwicklung des Judentums. Die Vertreter dieser Wissenschaft lehnten das so genannte Zeremonienwesen der jüdischen Religion ab, weil es für sie von der

Die Wissenschaft des Judentums

Der Begriff und die Idee einer Wissenschaft des Judentums stammt
von Leopold Zunz. Er wollte an die Stelle der jüdischen Tradition die
wissenschaftliche, historisch-kritische Erforschung der Tradition setzen. Zunz übernahm für sein neues Konzept sowohl Ideen der jüdischen Aufklärung als auch geschichtsphilosophische Theorien christlicher Wissenschaftler wie z. B. von Friedrich August Wolf. Aufgeklärte
Juden sollten die von ihnen als abgeschlossen betrachtete Tradition
der jüdischen Literatur in ihren Quellen wissenschaftlich erforschen
und systematisieren sowie ihre geschichtliche Entwicklung nachzeich-
nen. In ihren Anfängen diente die Wissenschaft *des* Judentums – vor
allem zur Abwehr antijüdischer Vorurteile und Anfeindungen – auch
der apologetischen Selbstdarstellung des Judentums. Sie emanzipierte
sich aber zunehmend zu einer Wissenschaft *vom* Judentum, die ebenso
von nichtjüdischen Wissenschaftlern betrieben werden konnte.
Seit Anfang des 20. Jahrhunderts hat sich für die Wissenschaft vom
Judentum die Bezeichnung „Judaistik" eingebürgert. In jüngster Zeit
wurde, in Anlehnung an die englischsprachige Bezeichnung „Jewish
Studies", auch der Begriff „Jüdische Studien" eingeführt. Die Judaistik
bedient sich bei der Erforschung aller Erscheinungsformen des Judentums philologischer, historischer, religionswissenschaftlicher und reli-
gionssoziologischer Methoden.
Kennzeichnend für die zu der Zeit häufig antijüdisch geprägte akademische Welt und die damals zuständigen Bildungsbehörden in Deutschland war die beharrliche Verweigerung der Aufnahme der Judaistik in
den universitären Fächerkanon. Einzig an theologischen Einrichtungen
– wie dem Institutum Judaicum von Franz Delitzsch an der Leipziger Universität – war die wissenschaftliche Erforschung des Judentums im
universitären Rahmen möglich, allerdings mit stark missionarischer
oder mitunter sogar antisemitischer Tendenz. Ansonsten lehrten Ju-
daisten ausschließlich an privaten Einrichtungen wie der Lehranstalt
für die Wissenschaft des Judentums in Berlin oder dem Jüdisch-Theologischen Seminar in Breslau.
Erst nach der Schoa, als alle jüdischen Wissenschaftler aus Deutsch-

land vertrieben oder ermordet waren, begann die Einrichtung von ju-
daistischen Lehrstühlen an den (west)deutschen Universitäten.

Das erste Institut für Judaistik in Deutschland wurde im Jahre 1964
an der Freien Universität Berlin gegründet. Sein erster Direktor war
der jüdische Philosoph Jacob Taubes (1923–1987), der aus New York
berufen wurde. In den folgenden Jahren wurden weitere judaistische
Institute beziehungsweise Seminare in Köln, Frankfurt a. M., Duisburg,
Freiburg i.Br. und Hamburg eingerichtet. In Heidelberg hat der Zentralrat der Juden in Deutschland 1979 die Hochschule für Jüdische
Studien gegründet. In Berlin gibt es mit dem Zentrum für Antisemitismusforschung an der Technischen Universität seit 1982 eine weitere
judaistische Forschungsstätte in der Stadt. Nach der Wiedervereinigung
wurden in einigen der neuen Bundesländer die Versäumnisse der ostdeutschen Bildungspolitik auch auf diesem Gebiet nachgeholt. So
konnten inzwischen an den Universitäten in Potsdam, Halle (Saale),
und Erfurt judaistische Forschungseinrichtungen eröffnet werden.

Entwicklung der modernen Gesellschaft überholt war. Im Geiste der
Aufklärung und entsprechend der Forderung nach bürgerlicher Emanzipation der Juden erstrebten sie das Aufgehen der Religion des Judentums in der Wissenschaft des Judentums. Der Verein bemühte sich
vergeblich um die akademische Institutionalisierung der wissenschaftlichen Erforschung des Judentums. Juden durften generell keine Profes-
sur an deutschen Universitäten erhalten. Gans musste sich erst taufen
lassen, damit er, als Nachfolger auf dem Lehrstuhl von Georg Wilhelm
Friedrich Hegel (1770–1831), Professor für Philosophie an der Berliner
Universität werden konnte.

Auch nach der Revolution von 1848 wurde die von Zunz beantragte
Aufnahme der Wissenschaft des Judentums in den Fächerkanon der
Berliner Universität mit dem vordergründigen Argument, das Fach würde
den Assimilations- und Emanzipationsbestrebungen der Juden zuwiderlaufen, von den preußischen Behörden abgelehnt. Im Jahre 1854 erfolgte
dann die Gründung des Jüdisch-Theologischen Seminars in Breslau, das
als private Bildungseinrichtung dem Programm der Wissenschaft des
Judentums folgte.

Am 5. Januar 1870 gründeten **Moritz Lazarus** (1824–1903) und **Salomon Neumann** (1819–1908) in Berlin das Kuratorium für die Hochschule für die Wissenschaft des Judentums. Der Berliner Bankier und Stadtrat Moritz Meyer (1811–1869) ermöglichte durch eine großzügige Spende die finanzielle Grundlage für die Errichtung dieser Bildungsstätte. Am 6. Mai 1872 begann der Lehrbetrieb der Hochschule, die zunächst an der Spandauer Brücke 8, dann ab 1874 Unter den Linden 4a und ab 1892 schließlich in der Lindenstraße 48/52 untergebracht war.

Am 22. Oktober 1907 wurde ein Neubau in der damaligen Artilleriestraße 14 (heute: Tucholskystraße) bezogen, den erneut der Gemeindebaumeister Johann Höniger entworfen hatte. Auf Anordnung der preußischen Schulbehörden musste sich die Hochschule ab 1883 in Lehranstalt umbenennen. Ihr ursprünglicher Name wurde erst 1920 in der Weimarer Republik wieder zugelassen, doch schon 1934 von den Nationalsozialisten wieder verboten.

Die Schule stand allen Studenten – unabhängig von Geschlecht und Konfession – offen. Sie bildete Rabbiner, Prediger und Religionslehrer aus. Es wurden Vorlesungen und Seminare zum gesamten Spektrum der jüdischen Literatur und Geschichte angeboten. Die Studenten mussten sich gleichzeitig für ein Fach an der Berliner Universität einschreiben. Hervorragende Lehrer und berühmte Gelehrte wie z. B. Abraham Geiger, David Cassel, Julius Guttmann, Ismar Elbogen und Leo Baeck unterrichteten an dieser Schule. Baeck lehrte ab 1919 Religionsgeschichte, Judaistik sowie Pädagogik und war zugleich der letzte Rektor der Schule. Auch die erste deutsche Rabbinerin Regina Jonas studierte von 1924 bis 1930 hier. Im Jahre 1932 erreichte die Hochschule mit der Zahl von 155 eingeschriebenen Studenten den Höhepunkt ihrer Entwicklung. Die Bibliothek zählte 60 000 Bände und besaß eine bedeutende Sammlung von jüdischen Kultgeräten. Der gesamte Bestand ging nach der zwangsweisen Schließung der Schule durch die Nationalsozialisten verloren.

Im Jahre 1941 musste die Hochschule das Gebäude verlassen, bevor sie am 19. Juli 1942 ganz geschlossen wurde. In den letzten Monaten ihrer Existenz war die Schule zunächst in der Meinekestraße 10 und dann im ehemaligen orthodoxen Rabbinerseminar untergebracht.

Im April 1999 wurde das an die jüdische Gemeinde rückübertragene und sanierte Gebäude als **Leo-Baeck-Haus** wieder eröffnet. Es beherbergt heute den Sitz des Zentralrats der Juden in Deutschland, der sich vorher in Frankfurt a. M. befand. Aus Bonn ist der Redaktionssitz der „Allgemeinen Jüdischen Wochenzeitung" in dieses Haus umgezogen.

Die Jüdische Hochschule in Heidelberg, die seit 1979 die einzige höhere jüdische Bildungseinrichtung ist und in der Nachfolge der Berliner Hochschule steht, kehrt dagegen nicht nach Berlin zurück, sondern bleibt in Heidelberg. Der Löwenkopf über dem Portal der ehemaligen Hochschule für die Wissenschaft des Judentums, der die wechselhafte Geschichte dieses Gebäudes schadlos überdauert hat, symbolisiert im Judentum die Stärke der Weisheit.

EHEMALIGES ORTHODOXES RABBINERSEMINAR

Tucholskystraße (frühere Artilleriestraße; Mitte)

Als bewusste Reaktion auf die Hochschule für die Wissenschaft des Judentums wurde am 22. Oktober 1873 das „Rabbiner-Seminar für das orthodoxe Judenthum zu Berlin" gegründet. Der Rabbiner und Vorreiter der jüdischen Neo-Orthodoxie in Deutschland, **Esriel Hildesheimer**, stellte bei seiner Berufung zum Gemeinderabbiner von Adass-Jisroel im Jahre 1869 einzig die Bedingung, in Berlin ein Rabbinerseminar errichten zu dürfen.

In der Satzung des Rabbinerseminars wurde der Zweck der Anstalt folgendermaßen formuliert: „(…) die mündliche und schriftliche Lehre, wie sie in der Bibel, im Talmud, in dessen Kommentaren und jüdischen Kodices niedergelegt ist, sowie die damit in Zusammenhang stehenden religiös-wissenschaftlichen und profanen Lehrgegenstände, zum Zwecke der Heranbildung von Rabbinern und zur Verbreitung dieser Wissensgegenstände unter jüdischen Jünglingen überhaupt, zu lehren und auf die sittlich-religiöse Bildung der Hörer zu wirken." Dem Seminar stand ein Kuratorium vor, dass zu einem Drittel aus zugelassenen Rabbinern bestand. Das Studium dauerte sechs Jahre und wurde mit einer umfassenden Abschlussprüfung beendet. Die Studenten mussten sich, wie auch in der Hochschule für die Wissenschaft des Judentums üblich, gleichzeitig an der Berliner Universität einschreiben, um wissenschaftliche Fächer zu belegen.

Das orthodoxe Rabbinerseminar entwickelte sich bald zur wichtigsten Schule für orthodoxe Rabbiner in ganz Europa. Zählte es im ersten Jahr noch 20 Hörer, erreichte es mit 67 eingeschriebenen Studenten Anfang der 90er Jahre des 19. Jahrhunderts seinen Höhepunkt. Einer der Schüler und späteren Dozenten dieses Seminars war der bekannte Judaist **Alexander Altmann** (1906–1987), der im Jahre 1938 gerade noch rechtzeitig in die USA emigrieren konnte. Seine umfangreiche Monographie über Moses Mendelssohn, die in der Wissenschaft als Standardwerk gerühmt wird, liegt bedauerlicherweise bis heute nur im englischen Original vor.

Die Lehreinrichtung war zunächst in der Gipsstraße 12a untergebracht. Seit der Errichtung des neuen Gemeindezentrums von Adass-Jisroel in der Artilleriestraße 31 (heute: Tucholskystraße 40) im Jahre 1904 befand sich das Rabbinerseminar dort im Vorderhaus. Nachdem auch die Lehranstalt für die Wissenschaft des Judentums in die Artilleriestraße umgezogen war, bezeichnete der Volksmund die beiden Bildungseinrichtungen als „die große und die kleine Artillerie". Jede reklamierte natürlich für sich, die „größere Artillerie" zu sein.

Der damalige Leiter Rabbiner Meir Hildesheimer versuchte noch 1934 erfolglos, das Seminar nach Palästina umziehen zu lassen. Das Rabbinerseminar musste bereits am 10. November 1938 schließen.

EHEMALIGE JÜDISCHE MÄDCHENVOLKSSCHULE

Auguststraße 11–13 (Mitte)

Im Jahre 1835 wurde die erste Mädchenschule der Jüdischen Gemeinde gegründet. Sie befand sich zunächst im Gemeindehaus in der Heidereutergasse 5 und ab 1874 in der Rosenstraße 2. Erst im Jahre 1904 konnte die Schule ein eigenes Schulgebäude, das nach Plänen des Gemeindebaumeisters Johann Höniger neu errichtet wurde, in der Kaiserstraße 29/30 beziehen. Als in dieses Haus die jüdische Knabenschule einzog, musste die Mädchenschule nochmals umziehen. Wiederum hatte die Gemeinde einen Neubau errichten lassen.

Der rote Klinkerbau in der Auguststraße wurde in den Jahren 1927/28 nach Plänen des Gemeindebaumeisters Alexander Beer im nüchternen

Stil der Neuen Sachlichkeit gebaut. Ein 200 Quadratmeter großer Dachgarten diente als Pausenhof. Die Mädchenschule wurde hier am 31. August 1930 eröffnet. Wurden 1932 noch 441 Schülerinnen unterrichtet, waren es 1937 schon 869. Der Grund für den Anstieg dieser Zahl lag in der anwachsenden Schikanierung jüdischer Kinder an den öffentlichen Schulen.

Auch die Mädchenvolksschule musste – wie alle jüdischen Schulen in Deutschland – am 30. Juni 1942 zwangsweise schließen. Das Gebäude diente im Zweiten Weltkrieg als Lazarett. In der DDR und nach ihrem Untergang war hier bis 1995/96 die Bertolt-Brecht-Oberschule untergebracht.

Nach der erfolgten Rückübertragung an die Jüdische Gemeinde zu Berlin soll das leer stehende und sanierungsbedürftige Gebäude wahrscheinlich wieder als Schulhaus genutzt werden. Dazu fehlen derzeit jedoch noch die finanziellen Mittel und auch die Schüler.

JÜDISCHE VOLKSHOCHSCHULE

Fasanenstraße 79/80 (Charlottenburg), Tel. 880 28–263/264
Bürozeiten: Montag bis Donnerstag von 13.00 bis 16.00 Uhr
und:
Oranienburger Straße 29 (Mitte)

Die 1962 gegründete Jüdische Volkshochschule ist im Gemeindezentrum in der Fasanenstraße und seit der Wiedervereinigung zusätzlich auch in der Oranienburger Straße untergebracht. Sie richtet sich an jüdische und nichtjüdische Erwachsene, die sich für jüdische Kultur und Bildung interessieren. In jährlich drei Trimestern können Studenten Kurse der hebräischen und jiddischen Sprache sowie Seminare zur jüdischen Geschichte, Religion, Philosophie, Kunst und Literatur belegen. Das umfangreiche Bildungsangebot wird durch Vorträge, Lesungen, Podiumsgespräche und Konzerte ergänzt. Gemeinsam mit den „Freunden der Deutschen Kinemathek e. V." wird seit 1995 ein jüdisches Filmfestival veranstaltet. Das aktuelle Kursprogramm ist im Gemeindezentrum erhältlich und wird auf Wunsch auch zugeschickt.

HEINZ-GALINSKI-SCHULE

Waldschulallee 73 (Charlottenburg), Tel. 301 19 40

Die Grundschule, die nach dem langjährigen Vorsitzenden der Jüdischen Gemeinde zu Berlin benannt ist, wurde am 15. September 1995 eingeweiht. Der moderne Entwurf stammt von dem israelischen Architekten Zwi Hecker. Die kranzförmige Anordnung der sechs Gebäude des Schulkomplexes, die um einen Innenhof gruppiert und miteinander verbunden sind, ist dem Umriss einer Sonnenblume nachempfunden. Der Lageplan des Bauensembles in einer durchbrochenen Sichtbetonwand im Eingangsbereich dient gleichsam als Erkennungssignet. Durch die in spitzen Winkeln aufeinander zulaufenden Wände, die vorgesetzten sowie farblich abgehobenen Blenden und die abgerundeten Segmente wirken die Bauten sehr dynamisch. Etwa 250 jüdische und nichtjüdische Schüler werden hier unterrichtet.

Sozialeinrichtungen

JÜDISCHES WOHLFAHRTSWESEN

Das universelle Gebot der Nächstenliebe, in der jüdischen Religion erstmals formuliert und damit weit über sie selbst hinaus wirkend, gilt im Judentum als Aufforderung zum sozialen Engagement für die Bedürftigen. Zu den „Liebestaten" zählen die Versorgung von Kranken, Alten, Waisen und Witwen, die Erziehung armer Kinder, die Bestattung der Toten, das Trostspenden, das Friedenstiften, die Hilfe für Fremde und das Almosengeben.

Aus diesem umfassenden Aufgabenbereich entwickelte sich schon früh ein überaus vielseitiges jüdisches Wohlfahrtswesen, das sich ausschließlich über private Spenden finanzierte und einen großen Anteil an ehrenamtlichem Engagement aufwies. Zahlreiche Sozialeinrichtungen wie z. B. Altersheime, Krankenhäuser, Waisen-, Kinder- und Flüchtlingsheime, Blindenanstalten und Volksküchen wurden gegründet.

Die erste wohltätige Stiftung dieser Art, der so genannte *Hekdesch* (hebräisch „Geweihtes"), wurde im Jahre 1703 gegründet. Sie errichtete unter anderem das Krankenhaus, das sich ab Mitte des 18. Jahrhunderts in der Oranienburger Straße 8 befand. Als die Jüdische Gemeinde die Hilfeleistung vom orthodoxen Lebenswandel des Bedürftigen abhängig machte, gründete Joseph Mendelssohn mit gleich gesinnten Aufklärern 1792 die **Gesellschaft der Freunde**, die der gegenseitigen Unterstützung bei Not und Krankheit diente und sich auch um den Dialog zwischen Juden und Christen bemühte. Sie wurde erst 1938 von den Nationalsozialisten zwangsweise aufgelöst.

Nach amerikanischem Vorbild gründete sich im Jahre 1882 auch in Deutschland die erste jüdische Loge, die Deutsche Reichsloge **Bne Briss**. Ziel dieses reinen Männerordens war neben kulturellen Aktivitäten vor allem das soziale Engagement für Arme, Kranke, Opfer von Verfolgungen und Arbeitslose. In diesem Sinn nahm im Jahre 1896 z. B. der Verein für Arbeitsnachweis in der Rosenthaler Straße 34/35 seine Arbeit auf. Er vermittelte Stellen an jüdische Arbeitslose. Frauen, die in

Deutschland von der Logenarbeit ausgeschlossen waren, organisierten sich in Schwesternverbänden. In Berlin unterhielten sie z. B. ein Heim für ledige Mütter in der Brunnenstraße 41.

Ein eindrucksvolles Beispiel für privates Engagement stellt Hermann Abraham (1847–1932) dar, der im Jahre 1891 die Israelitische Volksküche in der Klosterstraße 99 gründete und leitete. Diese Küche bot zunächst jüdischen und nichtjüdischen Bedürftigen eine warme Mahlzeit und musste nach 1939 jüdische Zwangsarbeiter und später die Insassen der Deportationssammellager versorgen.

Die 1917 gegründete **Zentralwohlfahrtsstelle der deutschen Juden** war der Dachverband von zeitweise über 200 jüdischen Hilfsorganisationen. Sie wurde nach dem Krieg, im Jahre 1951, wieder gegründet und hat ihren Sitz erneut in Berlin, in der Oranienburger Straße 31. Gegen Ende der 20er Jahre verzeichnete das „Jüdische Jahrbuch für Groß-Berlin" allein zwölf jüdische Waisenhäuser und Kinderheime sowie acht jüdische Altersheime in der deutschen Hauptstadt.

In der NS-Zeit wuchs die wirtschaftliche Not für jüdische Bürger durch immer neue Verordnungen. Im Oktober 1935 wurde die Jüdische Winterhilfe gegründet, die in dem Gebäude der Gemeindeverwaltung in der Rosenstraße 2–4 untergebracht war. Sie organisierte die Verteilung von Lebensmitteln und Kohlen. Die Ausgabestellen in Mitte befanden sich in der Auguststraße 16 und 17. Zusätzlich wurde eine Kleiderkammer eingerichtet. Die 1933 gegründete Zentralstelle für Jüdische Wirtschaftshilfe, die in der Oranienburger Straße 31 ihren Berliner Sitz hatte, bot Rechtsberatung, Kredite, Stellenvermittlung und Umschulungen für jüdische Kleinunternehmer und Selbstständige an, bis auch sie 1940 aufgelöst wurde.

EHEMALIGES ALTERSHEIM GROSSE HAMBURGER STRASSE 26 (MITTE)*

Am 27. Juli 1827 wurde das erste jüdische Altersheim gegründet, das sich zunächst in der Oranienburger Straße 6–8 befand. Am 28. Juli 1844 konnte ein Neubau, der vom Magistrat mit 2000 Talern unterstützt worden war, in der Großen Hamburger Straße 26 bezogen werden. Großzügige Spenden ermöglichten in den Jahren 1867 und 1874 notwendig gewordene Anbauten. Die Bewohner lebten in Ein- oder Zweibettzimmern und konnten im Heim auch eine Bibliothek und verschiedene Aufenthaltsräume nutzen. Die sanitären Anlagen und die Küche wurden entsprechend dem technischen Fortschritt wiederholt modernisiert. Der spätere Landesrabbiner der ostdeutschen Gemeinden **Martin Riesenburger** wirkte ab 1933 in diesem Altersheim.

Im Jahre 1942 räumte die Gestapo das Heim und missbrauchte es als Sammellager. Im Keller und im ersten Obergeschoss wurden vergitterte Gefängniszellen eingerichtet. Bewaffnete Posten bewachten das Gebäude, dessen Vorder- und Hinterfront zusätzlich durch Scheinwerfer gesichert waren. Dennoch gelang einigen hier Festgehaltenen während eines Bombenangriffs in der Silvesternacht 1943 die Flucht über den Friedhof.

Gegen Kriegsende wurde das Gebäude von Bomben zerstört und später abgerissen. Ein Gedenkstein mit Tafel erinnert an die Deportationen der Berliner Juden. Rechts neben dem Stein wurde eine von Will Lammert gestaltete Skulpturengruppe aufgestellt.

EHEMALIGES ALTERSHEIM SCHÖNHAUSER ALLEE 22 (PRENZLAUER BERG)

Anlässlich ihrer Silberhochzeit im Jahre 1880 übernahm das Ehepaar **Bertha** und **Moritz Manheimer** die Finanzierung eines neuen Altersheims. Moritz Manheimer hatte zusammen mit seinem älteren Bruder Valentin eine Damenkonfektionsfirma betrieben, widmete sich seit 1872 jedoch nur noch seinen zahlreichen wohltätigen Stiftungen. In dem am 11. November 1883 eingeweihten Gründerzeitbacksteinbau fanden bis zu 89 bedürftige alte Menschen eine Unterkunft. Bertha Manheimer besuchte das Heim täglich, um sich um die Versorgung zu kümmern. Die Eheleute Manheimer sind auf dem Jüdischen Friedhof in der Schönhauser Allee, gleich hinter dem Altersheim, begraben.

Im Jahre 1941 wurden die verbliebenen Senioren mitsamt dem Pflegepersonal nach Auschwitz verschleppt. Anschließend nutzte die SS das Gebäude. Nach dem Krieg zog die Volkspolizei ein, und seit der Wiedervereinigung ist hier die Polizeidirektion vom Prenzlauer Berg untergebracht. Eine Gedenktafel zur Erinnerung an die einstigen Bewohner und ihr Schicksal ist bis heute nicht angebracht. Ob den von der Jüdischen Gemeinde gestellten Rückübertragungsansprüchen stattgegeben wird, bleibt noch abzuwarten.

LEO-BAECK-ALTENWOHNHEIM

Herbartstraße 26 (Charlottenburg)

JEANETTE-WOLFF-HEIM –
JÜDISCHES SENIORENZENTRUM

Dernburgerstraße 36 (Charlottenburg)

Die beiden Einrichtungen für jüdische Senioren befinden sich in einem Gebäudekomplex. Benannt sind sie nach bedeutenden jüdischen Persönlichkeiten. Der Rabbiner und Gelehrte Leo Baeck war der letzte Präsident der Reichsvertretung deutscher Juden, und die sozialdemokratische Politikerin Jeanette Wolff war Mitglied des Deutschen Bundestages und des Abgeordnetenhauses von Berlin.

Beide Wohnheime wurden im Jahre 1981 eingeweiht. Speisesaal, Cafeteria, Friseursalon, Bibliothek und auch eine kleine Synagoge stehen den Bewohnern der insgesamt 140 Appartements im Haus selbst zur Verfügung.

EHEMALIGES GEMEINDEHAUS AUGUSTSTRASSE 17 (MITTE)

Das Gebäude Auguststraße 17 beherbergte im Laufe seiner Geschichte zahlreiche jüdische Sozialeinrichtungen. Zuerst wurde hier im Jahre 1895 ein Schwesternheim für das benachbarte Jüdische Krankenhaus eingerichtet. Von 1917 bis 1920 verwaltete der „Jüdische Volksverein" von hier aus einige Herbergen für jüdische Flüchtlinge aus Russland. Ab 1920 nutzten u. a. der „Verband der Ostjuden" und das „Arbeiterfürsorgeamt der jüdischen Organisationen Deutschlands" das Haus.

Die letztgenannte Institution kümmerte sich mit Rechtsberatungen sowie der Vermittlung von Unterkunft und Arbeit um jüdische Flüchtlinge. Im Jahre 1923 wurde die „Arbeitsgemeinschaft der jüdischen Arbeitsnachweise" gegründet; ihr Büro eröffnete ebenfalls in diesem Gebäude. Allein 1929 waren hier 11 543 jüdische Arbeitslose registriert. Ab 1933 befanden sich auch ein Heim für obdachlose Frauen und Mädchen sowie das Wohlfahrtsamt Mitte, beides Institutionen der Jüdischen Gemeinde, in der Auguststraße 17.

EHEMALIGES JÜDISCHES KRANKENHAUS UND GEMEINDEHAUS AUGUSTSTRASSE 14–16 (MITTE)

Nachdem das jüdische Krankenhaus in der Oranienburger Straße den Anforderungen nicht mehr genügte, wurde es im Jahre 1861 in den Neubau im Hinterhof der Auguststraße verlegt. Das streng wirkende Gebäude aus Klinkersteinen hatte **Eduard Knoblauch** entworfen, der wenig später auch die Neue Synagoge in der Oranienburger Straße bauen sollte. Beide Einrichtungen befanden sich auf demselben lang gezogenen Grundstück der Gemeinde. Das Krankenhaus mit zunächst 120 Betten besaß eine moderne sanitäre Ausstattung mit Badezimmern und Wasserklosetts. Die Funktionsräume waren in Keller und Dachgeschoss untergebracht.

Nachdem das Krankenhaus 1914 in die Exerzierstraße im Wedding umgezogen war, befanden sich hier zahlreiche soziale und kulturelle Einrichtungen der Jüdischen Gemeinde. Im Jüdischen Jahrbuch aus dem Jahre 1928 werden folgende Einrichtungen allein im Gebäudekomplex Auguststraße 14–16 erwähnt: Mädchenwohnheim des Verbandes Berlin vom Jüdischen Frauenbund, Tagesheim für Säuglinge, Beerdigungsgesellschaft *Chewra Kaddischa* Groß-Berlin, Kochschule der Jüdischen Gemeinde, Jüdisches Kinderheim *Ahawah*, Nähstube für Frauen und Mädchen, Zahnklinik und orthopädischer Turnsaal der Jüdischen Kinderhilfe, Kinderstube des Wohlfahrtsamtes der Jüdischen Gemeinde, Jüdisches Mädchenheim *Ahawah*, Kindergarten *Agudas Jisroel* und Kleiderkammer *Peah* der Jüdischen Gemeinde.

Das von der Jüdischen Gemeinde unterhaltene Heim für Flüchtlingskinder aus Osteuropa hieß seit 1922 **Ahawah** (hebräisch „Liebe"). Der

Kernsatz des Erziehungskonzepts lautete: „Die Kinder werden im absolut jüdischen Sinne erzogen und erst dann entlassen, wenn sie nach Erlernung eines Berufs auf eigenen Füßen stehen können." In den Jahren 1934/35 wanderte ein Teil der Kinder mit der Leiterin nach Palästina aus. Von 1941 bis 1943 richtete die Gestapo in der Auguststraße 14–16 ein Sammellager für alte und kranke Juden ein.

Nach Kriegsende wurden hier eine Hilfsschule, die Max-Planck-Oberschule und ein Internat für sehschwache Kinder untergebracht. Nach der Wiedervereinigung erfolgte die Rückübertragung an die Jüdische Gemeinde, die das dringend sanierungsbedürftige Gebäudeensemble voraussichtlich wieder für soziale und kulturelle Zwecke nutzen möchte.

EHEMALIGES ISRAELITISCHES KRANKENHAUS

Torstraße 146 (frühere Elsasser Straße 85; Mitte)

In dem viergeschossigen Klinkerbau befand sich ab 1909 das neun Jahre zuvor von Adass-Jisroel gegründete Israelitische Krankenhaus, das bis dahin unzureichend in der Prenzlauer Allee 36 und in der Königgrätzer Straße 46 untergebracht gewesen war. Die Gründung eines eigenen Krankenhauses der orthodoxen Seperatgemeinde war durch eine großzügige Geldspende von Abraham Zamory, einem Tuchfabrikanten und Mitbegründer der Gemeinde, ermöglicht worden. Das Krankenhaus stand allen Kranken ohne Unterschied des Standes, des Geschlechts und der Herkunft für ärztliche Behandlung offen. Die Patienten erhielten koschere Verpflegung. Ende September 1941 wurde das Krankenhaus zwangsweise geschlossen.

Danach wurden in dem Gebäude infamerweise zugleich ein Heim der Hitlerjugend und ein Büro der Reichsvereinigung der Juden in Deutschland untergebracht. In der Nachkriegszeit beherbergte das Haus zuerst das Polizeipräsidium Berlin, später eine Dienststelle der Deutschen Reichsbahn.

JÜDISCHES KRANKENHAUS UND HERMANN-STRAUSS-HOSPITAL

Iranische Straße 2–4 (frühere Exerzierstraße 11a; Wedding)

Im Jahre 1914 bezog das Jüdische Krankenhaus seinen neuen Standort in der Exerzierstraße 11a (heute: Iranische Straße 2–4) im Wedding. Auf dem gemeindeeigenen Grundstück wurden sieben neue Gebäude mit insgesamt 270 Betten errichtet. Die Krankenhauseinrichtung befand sich auf dem neuesten Stand der Technik. Gleich gegenüber, in der Exerzierstraße 13 (heute: Iranische Straße 3), war schon seit 1902 ein Jüdisches Altersheim untergebracht.

In der Pathologie des Krankenhauses richtete die SS 1941 ein Sammellager und ein Gefängnis ein. Von hier wurden die Insassen in das Konzentrationslager Theresienstadt oder ins Massenvernichtungslager Auschwitz verschickt. In der so genannten „Krankenhaus-Aktion" wurde am 10. März 1943 die Hälfte des Personals deportiert. Als am 10. Juni 1943 mit der Reichsvereinigung der Juden in Deutschland und der Jüdischen Kultusvereinigung zu Berlin die letzten verbliebenen jüdischen Organisationen in Deutschland von der Gestapo aufgelöst wurden, gab es nur noch zwei jüdische Einrichtungen in Berlin: den Jüdischen Friedhof in Weißensee und das Jüdische Krankenhaus in der Exerzierstraße. Allerdings wurden beide Einrichtungen scharf von der Gestapo überwacht. Im Krankenhaus wurde der Obermedizinalrat Dr. Walter Lustig, der in so genannter „Mischehe mit einer Arierin" lebte, mit dessen Leitung und der Selektion der letzten verbliebenen Juden Berlins für die Deportation beauftragt. Offenbar verrichtete er seine Aufgabe mit gründlichem Gehorsam, da er nach dem Krieg als Kollaborateur angezeigt und von der sowjetischen Militäradministration vermutlich hingerichtet wurde.

Durch Denunziation aufgespürte Juden, die mit falschen Papieren oder im Versteck lebten, wurden in das im Krankenhaus eingerichtete Gestapo-Gefängnis gebracht, um sie unter Folter zum Verrat weiterer „Illegaler" zu zwingen. Aus allen Teilen Deutschlands verschleppte die Gestapo zahlreiche Juden, die bis dahin in so genannten „Mischehen" überlebt hatten und nun als nicht mehr arbeitsfähig eingestuft wurden, in die Iranische Straße in Berlin. Bis zum Kriegsende waren im Krankenhaus zeitweise bis zu 1000 Menschen unter unmenschlichen Bedingungen interniert. Viele von ihnen konnten aufgrund ihres schlechten Gesundheitszustandes nicht deportiert werden. Der letzte Todestransport verließ das Krankenhaus noch am 27. März 1945.

Im Mai 1945 wurden insgesamt 800 Überlebende, die zumeist schwerkrank und unterernährt waren, im Krankenhaus befreit. Schon in der langen Genesungszeit begannen einige von ihnen mit den ersten Aktivitäten zur Wiederbelebung einer jüdischen Gemeinde. Die meisten wanderten jedoch, sobald sie konnten, aus Deutschland aus.

Da das Krankenhaus für die nun relativ kleine Jüdische Gemeinde von Berlin bald zu groß und zu kostspielig war, wurde es im Jahre 1963 in ein öffentliches Krankenhaus unter Trägerschaft einer Stiftung umgewandelt. Im Kuratorium sitzen jedoch satzungsgemäß immer fünf Gemeindevertreter, so dass weiterhin enge Kontakte zwischen den beiden Institutionen bestehen. Erst in jüngster Zeit werden mit dem schwungvollen Anwachsen der Jüdischen Gemeinde wieder zunehmend jüdische Patienten behandelt. Im letzten Jahr konnte sogar wieder eine kleine Synagoge eingerichtet werden. Das angegliederte jüdische Pflegeheim trägt den Namen des ehemaligen Leiters des Jüdischen Krankenhauses, Prof. Dr. **Hermann Strauß** (1868–1944), der im KZ Theresienstadt umkam.

Jüdische Friedhöfe

BEISETZUNGSRITEN

Die Anlage eines eigenen Friedhofs gehört immer zu den ersten Anstrengungen einer neu gegründeten jüdischen Gemeinde. Jüdische Friedhöfe werden für die Ewigkeit angelegt; die Gräber bleiben erhalten, sie werden nicht aufgelöst oder neu belegt. Die üblichen hebräischen Bezeichnungen für einen Friedhof lauten übersetzt: „Haus der Gräber", „Haus des Lebens" oder „Ewiges Haus". Im deutschsprachigen Raum ist auch die euphemistische Bezeichnung „Guter Ort" für einen jüdischen Friedhof weit verbreitet.

Die Beisetzung erfolgt in der Regel innerhalb kürzester Zeit nach dem Tod. Ursprünglich ist das Klima des Vorderen Orients für diesen Brauch verantwortlich. Im traditionellen Judentum gibt es keine Feuerbestattung, da an die Auferstehung der Toten geglaubt wird. Die engsten Familienangehörigen des Toten zerreißen als Zeichen der Trauer und des Schmerzes ihre Kleider. Heute wird nur noch symbolisch ein Kleidungsstück – z. B. eine Krawatte oder ein angeheftetes Bändchen – zerrissen. Traditionell spricht der älteste Sohn am Grab ein aramäisches Gebet, das *Kaddisch*. Dies verleiht nicht dem Schmerz der Hinterbliebenen Ausdruck, sondern ist ein einziger Lobpreis Gottes. Es heißt darin: „Erhöht und geheiligt werde sein großer Name in der Welt, die er erneuern wird, wenn er die Toten belebt und zum ewigen Leben führt, die Stadt Jerusalem erbaut und den Tempel wieder errichtet."

Anstelle von Blumen legen die Besucher Steine zur Erinnerung auf die Grabsteine. Jede Art von Totenkult ist im Judentum eigentlich unerwünscht. Jeder ist im Tode gleich; die sozialen und geistigen Unterschiede sind aufgehoben. Alle Toten werden, eingehüllt in ein schlichtes Leichengewand, in den gleichen einfachen Holzsärgen begraben. Doch die Übernahme von nichtjüdischen Gebräuchen der Umwelt auch in diesem Bereich führte zu einer weitgehenden Differenzierung. Schon auf dem Friedhof in der Schönhauser Allee und noch mehr auf dem später angelegten Friedhof der Hauptgemeinde in Weißensee befinden sich zahlreiche repräsentative Grabanlagen mit reichlich Schmuck und Verzierungen. Die Individualität des Verstorbenen und natürlich die materielle Ausstattung seiner Familie haben zunehmend die Größe und künstlerische Umsetzung des Grabes bestimmt.

Die hebräischen Inschriften, die Namen der Verstorbenen und Angehörigen, die Lebensdaten und mitunter Berufsbezeichnungen sind von großer kulturgeschichtlicher Aussagekraft. Besonders ältere Grabsteine sind oft die einzigen Zeugnisse für jüdische Gemeinden und ihre Mitglieder, da Archivalien wie die Kirchenbücher christlicher Gemeinden fehlen. Für die Zeit nach 1875 kann man allerdings auch auf die Eintragungen in den Standesämtern zurückgreifen. Die hebräischen Inschriften folgen häufig festgelegten Formularen. Besonders bestimmte Formeln werden abgekürzt. Die Inschrift beginnt fast immer mit zwei hebräischen Buchstaben (*Pe* und *Tet* beziehungsweise *Nun*), die als Abkürzung stehen für die einleitenden Worte (deutsch: hier ist geborgen beziehungsweise begraben). Die hebräische Buchstabenfolge am Ende der Inschrift (*Taw, Nun, Zade, Bet* und *He)* ist die Abkürzung für eine hebräische Eulogie, die in deutscher Übersetzung „Es sei seine/ihre Seele eingebunden in den Bund des (ewigen) Lebens" lautet. Mit zunehmender Assimilierung ist die hebräische Sprache kontinuierlich weniger und die deutsche mehr für Grabinschriften verwendet worden. Oft sind Grabsteine auch zweisprachig beschriftet, wobei es mitunter feine Nuancierungen der parallelen Texte zu entdecken gibt.

Kommen bildnerische Darstellungen auf jüdischen Grabsteinen vor, so fast ausschließlich jüdische Symbole. Oft sind es Davidsterne, es kommen aber auch Abbildungen von siebenarmigen Leuchtern, Kronen, Trauben und Tieren vor. Die Tierbildnisse spielen meistens auf den Namen des Verstorbenen an. Bei Gelehrten findet man auch Löwen, Bundestafeln oder Torarollen. Die zum Priestersegen gespreizten Hände sind den Nachfahren der Priester (hebräisch *Kohen*), die an ihren Namen, z. B. Cohen, Kahn oder Katz, zu erkennen sind, vorbehalten. Das Motiv eines Kruges – manchmal zusammen mit einer Schüssel zu sehen – verweist auf die Nachfahren der Leviten, der einstigen Tempeldiener.

Durch die Anpassung an die nichtjüdische Umwelt haben allerdings auch einige ursprünglich nichtjüdische Symbole Eingang auf jüdischen Friedhöfen gefunden. Zweige, Kränze, Girlanden, Fackeln, Sanduhren, umgeknickte Bäume oder Rosen sind besonders zahlreich auf dem Friedhof der Hauptgemeinde in Weißensee zu sehen. In diese Entwicklung gehören auch die skulpturalen Darstellungen von abgebrochenen Säulen, Baumstümpfen, Vasen oder Trophäen. Ebenso waren Blumensträuße und Zierrabatten traditionell im Judentum unbekannt.

Jeder männliche Besucher eines jüdischen Friedhofs muss eine Kopfbedeckung tragen. Zur Not kann am Eingang eine einfache Kappe aus Pappkarton entliehen werden. Wie auf jedem Friedhof herrschen auch hier Ruhe, Trauer und Besinnung. Die Teilnahme an einer Beerdigung gehört zu den religiösen Geboten im Judentum. Zu den Aufgaben der einstigen ehrenamtlichen Beerdigungsgesellschaften *(Chewra Kaddischa)* gehörten die Krankenpflege, die rituelle Waschung der Leiche, die Bewachung derselben, um eine mögliche Entweihung und Verunreinigung zu verhindern, die Einkleidung in das Sterbegewand, die Bestattung des Toten und schließlich die Begleitung der Hinterbliebenen bei allen Beerdigungsformalitäten. Heutzutage werden diese Aufgaben von modernen Bestattungsinstituten erledigt.

JUDEN-KIEWER (SPANDAU)*

Besichtigung der Grabsteine: Zitadelle Spandau, Am Juliusturm,
Tel. 334 62 70

Die Bezeichnung *Kiewer,* die in dieser Schreibweise in älteren Chroniken belegt ist, kommt vom hebräischen Wort *Kewer* (hebräisch „Grab"). Es wird geschätzt, dass im 13. und frühen 14. Jahrhundert etwa 150 bis 200 Juden in Spandau lebten. Aus dem Jahre 1324 stammt die erste urkundliche Erwähnung des jüdischen Friedhofs in Spandau. Er muss jedoch schon weit früher existiert haben, da der älteste von hier gefundene Grabstein die Jahreszahl 1244 trägt. Für ihre gepachtete Begräbnisanlage mussten die Spandauer Juden an den Stadtrat einen jährlichen Grundzins von einem Schock und 13 Groschen entrichten. Auch Juden aus Berlin wurden in Spandau begraben, was darauf hindeuten könnte, dass sie zu dieser Zeit keinen eigenen Friedhof besaßen. Als im Jahre 1510 die Juden aus Berlin und der Mark Brandenburg vertrieben wurden, zerstörten die christlichen Bewohner den Friedhof und verwendeten die Grabsteine als Baumaterial für die in den folgenden Jahren errichtete Zitadelle.

In den Jahren 1955/56 fand man bei Rekonstruktionsarbeiten in den Grundfesten der Spandauer Zitadelle die ersten 19 eingemauerten jüdischen Grabsteine. Nach weiteren Ausgrabungen in den 80er Jahre wurden bis heute insgesamt 66 Steine sowie kleinere Fragmente entdeckt. Bei den Grabsteinen handelt es sich zumeist um kaum bearbeitete Findlinge, die mit knappen, schmucklosen hebräischen Inschriften versehen sind. Die meisten Steine stammen aus der ersten Hälfte des 14. Jahrhunderts.

57 Grabsteine können in den Kasematten der Zitadelle Spandau, allerdings nur nach telefonischer Absprache, besichtigt werden. Vier weitere Grabsteine vom Spandauer Juden-*Kiewer* sind zu beiden Seiten des Mittelweges auf dem Jüdischen Friedhof in der Heerstraße aufgestellt worden.

FRIEDHOF GROSSE HAMBURGER STRASSE 26 (MITTE)

Im Häusermeer der Spandauer Vorstadt liegt etwas versteckt in der Großen Hamburger Straße eine kleine grüne Oase. Doch nicht umsonst beginnt der Berliner Schriftsteller und Feuilletonist Heinz Knobloch sein Buch „Herr Moses in Berlin" mit der Warnung „Misstraut den Grünanlagen!". Denn diese so harmlos ausschauende Grünfläche bedeckt den im Nationalsozialismus zerstörten ältesten Friedhof der 1671 gegründeten Jüdischen Gemeinde Berlins. Er wurde im Jahre 1672 eingeweiht und musste 1827 aus Kapazitätsgründen geschlossen werden. Danach wurden hier nur noch Familien- und Erbbegräbnisse durchgeführt. Ein Teil des von Model Riess erworbenen Grundstücks wurde im Jahre 1714 der benachbarten evangelischen Sophienkirche für ihren Friedhof als Schenkung überlassen.

Auf dem 0,59 Hektar kleinen jüdischen Friedhof sollen einst mehr als 12 000 Gräber angelegt worden sein. Doch diese Zahl ist nicht gesichert und könnte auch etwas zu hoch gegriffen sein. Zahlreiche Grabsteine und einfache Grabzeichen aus Holz, für ärmere Verstorbene errichtet, fielen einem Feuerwehreinsatz auf dem Friedhof zum Opfer. Der einstige Friedhofsverwalter Leiser Landshuth legte jedoch im Jahre 1872 ein handschriftliches Verzeichnis von immerhin noch 2767 entzifferbaren Grabsteinen mit ihren Inschriften an. Die Inschriften waren ohne Ausnahme in hebräischer Schrift, selbst die wenigen deutschsprachigen.

Die Gestapo zerstörte den Friedhof im Jahre 1943 fast vollständig, als sie quer über die Begräbnisanlage einen Splittergraben ausheben und mit Grabsteinen absteifen ließ. Zahlreiche Bombentote der letzten Kriegstage wurden hier in Massengräbern verscharrt.

Auf dem Friedhof wurden zahlreiche berühmte Mitglieder der ersten Gründergeneration der Jüdischen Gemeinde begraben, unter ihnen z. B. der Rabbiner David Fränkel (1707–1762), der Seidenfabrikant Isaak Bernhard (gestorben 1768), der Hofjuwelier und Münzpächter Veitel Heine Ephraim (1703–1775), der Philosoph Moses Mendelssohn (1729 bis 1786), der Bankier Daniel Itzig (1725–1799), der Arzt Marcus Herz (1747–1803), der Bankier und Hofbaurat Isaak Daniel Itzig (1750 bis 1806) und der Zuckerfabrikant Jacob Herz Beer (1769–1825).

Heute ist auf den Friedhof Große Hamburger Straße nur noch ein einziger frei aufgestellter Grabstein zu sehen. Es handelt sich um das Grab von **Moses Mendelssohn**. Schon früh wurde er hoch verehrt, und nicht wenige Besucher pilgerten nur wegen ihm auf diesen Friedhof. Als ein Zeichen der Wertschätzung wurde der ursprüngliche Grabstein im Jahre 1880 durch einen neuen, einen größeren Granitstein mit Sockel und dreieckigem Giebel, ersetzt. Auf der Vorderseite trug der Stein in goldenen Lettern eine hebräische und eine deutsche Inschrift, umgeben war er von einem hohen Eisenzaun. Auch dieser Grabstein fiel der Zerstörung des Friedhofs im Jahre 1943 zum Opfer. Der dritte Grabstein für Mendelssohn, dieses Mal ein sehr schlichter quaderförmiger Muschelkalkstein, wurde im Jahre 1962 ungefähr dort aufgestellt, wo man das einstige Grab vermutet. Wegen Witterungsschäden ersetzte man ihn im Jahre 1990 durch den vierten, heute noch zu sehenden Grabstein. Dieser wirkt, verglichen mit seinem unmittelbaren Vorgänger, durch den Bogengiebel wieder altertümlicher. Er trägt, allerdings auf Vorder- und Rückseite verteilt, die Inschrift des zweiten Steins. Übersetzt lautet die hebräische Inschrift, die nicht genau mit der deutschen übereinstimmt (Ergänzungen zum leichteren Verständnis stehen in Klammern):

„Hier ist begraben der Weise Rabbi Moses aus Dessau. Er ist geboren am zwölften (Tag des Monats) Elul (des Jahres) 5488. Er ist heimgegangen am vierten Tag (der Woche = Mittwoch), dem fünften (Tag des Monats) Schewat. Und er wurde begraben am anderen Morgen, am fünften Tage (= Donnerstag), dem sechsten (Tag) desselben (Monats Schewat des Jahres) 5546. Es sei seine Seele eingebunden im Verbund des Lebens."

Typisch ist die Verwendung der hebräischen Monatsnamen und der hebräischen Jahreszählung, der abgekürzten Einleitungsformel und der Schlusseulogie. Beachtenswert sind hingegen die Ehrentitel „Weiser" und „Rabbi", die in der deutschsprachigen Version fehlen.

Seit 1974 ist der Friedhof eine denkmalgeschützte Parkanlage. Eine zweisprachige Gedenktafel wurde schon 1948 vom Vorstand der Jüdischen Gemeinde zu Berlin zur Erinnerung an die Geschichte dieser Begräbnisstätte an der südlichen Friedhofsmauer angebracht. Auch hier unterscheidet sich die hebräische Inschrift durch Einfügung eines Psalmverses, Verwendung des hebräischen Kalenders sowie den persönlicher gehaltenen Wortlaut deutlich von dem nüchternen deutschsprachigen Text. Zerstörte Sarkophaggräber, Abdrücke von Wandgrabsteinen und Sockelreste abgebrochener Grabsteine kann der aufmerksame Besucher noch heute am begrünten Randstreifen des Friedhofs entdecken.

In die Südmauer des Friedhofs eingelassen und dadurch vor den Verwüstungen geschützt, blieben 19 weitere, teilweise stark verwitterte, Grabsteine erhalten. Sie wurden im Jahre 1988 entfernt, um sie restaurieren zu lassen. Sie lagern heute auf dem Jüdischen Friedhof der Hauptgemeinde in Weißensee. Unter ihnen befindet sich auch der Grabstein von Mordechai Gompricht, dem Begründer der Jüdischen Gemeinde zu Berlin.

FRIEDHOF SCHÖNHAUSER ALLEE 23–25 (PRENZLAUER BERG)

Öffnungszeiten: Montag bis Donnerstag von 10.00 bis 16.00 Uhr, Freitag von 10.00 bis 13.00 Uhr.

Der Friedhof in der Schönhauser Allee wurde im Jahre 1827 eingeweiht, nachdem es schon 1794 im Preußischen Allgemeinen Landrecht hieß, dass „in bewohnten Gegenden keine Leichen beerdigt werden sollen". Der alte Friedhof in der Großen Hamburger Straße war inzwischen von Wohnvierteln umgeben und bot auch nicht mehr ausreichend freie Flä-

che für neue Gräber. So kaufte die Jüdische Gemeinde 1824 von dem
Meiereibesitzer Wilhelm Gotthold Büttner für 5800 Taler ein etwa fünf
Hektar großes Grundstück vor dem Schönhauser Tor, an der damaligen
Pankower Chaussee. Bis zur Schließung im Jahre 1880 wurden auf dem
Friedhof insgesamt 22 500 Einzelgräber und 750 Erbbegräbnisse angelegt. In der Zeit des Zweiten Weltkrieges wurden die Leichenhalle und
benachbarte kleinere Gebäude sowie zahlreiche Grabsteine, besonders
im Feld J, durch Bomben und Granaten zerstört. Ein 1961 am einstigen
Standort der Trauerhalle, gleich links am Friedhofseingang, aufgestellter Gedenkstein erinnert daran. Er trägt die Inschrift: „Hier stehst Du
schweigend. Doch wenn Du Dich wendest, schweige nicht." Der Friedhof steht heute unter Denkmalschutz.

Auf diesem Friedhof kann man sicherlich Stunden und Tage verbringen
und dabei doch immer wieder Neues, Interessantes entdecken. Demje-
nigen, der nur ein bis zwei Stunden Zeit hat, sei jedoch der folgende
Rundgang, vorbei an den Gräbern einiger ausgewählter Prominenter
und besonders bemerkenswerten Grabanlagen, empfohlen. Er beginnt
am Eingang, biegt links ab in den Weg zwischen Feld L1 und L4, kehrt
dann wieder um, passiert die Ehrenreihe und folgt der Friedhofsmauer
immer im Uhrzeigersinn, bis der Eingang wieder erreicht ist.
     Auf dem linken Weg kommt nach etwa 35 Metern auf der linken
Seite (Feld L4), hinter dem schwarzen Granitmal der Familie Croner,
das Grab von **Gerson von Bleichröder** (1822–1893), dem Berater Bismarcks und Hofbankier von Kaiser Wilhelm I. Noch zu Lebzeiten bestellte
der sehr vermögende Bleichröder bei dem mit ihm befreundeten Bildhauer Reinhold Begas einen Entwurf für ein Erbbegräbnis in der Gestalt
eines Mausoleums. Doch die von Begas geschätzten Baukosten von
75 000 Mark waren selbst Bleichröder zu hoch. Den schließlich errichteten und wesentlich preiswerteren Grabstein hat Begas immerhin noch
in echtem Carrara-Marmor entworfen. Auf quadratischem Grundriss er-
hebt sich ein Postament, das nicht nur die Grabinschriften trägt, sondern
auch das 1872 erworbene Adelswappen. Der frei stehende Grabstein
wird von einer großen, geschmückten Vase bekrönt.
     Wendet man sich an der nächsten Wegkreuzung nach links, findet man
nach einigen Schritten in Richtung der der Straße zugewandten Seite
des Friedhofs rechter Hand (Feld L3) das hinter anderen Grabsteinen

versteckt liegende Erbbegräbnis des Unternehmers und Mäzens **James Henry Simon** (1851–1932). Es besteht aus drei schlichten schwarzen Granitsteinen. Die Bescheidenheit, die hier zum Ausdruck kommt, entspricht der Großzügigkeit, mit der Simon seine zahlreichen Schenkungen und Stiftungen tätigte.

Auf demselben Weg zurückgekehrt, erreicht der Besucher gegenüber vom Ehrenmal einen Weg, der zwischen den Feldern L und J ein kleines Stück in den Friedhof hineinführt. An der nächsten Weggabelung führt der linke Weg zwischen den Feldern A und L entlang. Hier beginnt die Ehrenreihe des Friedhofs, die an der Westseite der nun rechter Hand liegenden Felder A und B angelegt wurde. Die hohen Grabsteine sind sehr gleichförmig und schmucklos gestaltet. In der Ehrenreihe sind die Grabstätten gleich zahlreicher bekannter Persönlichkeiten der Jüdischen Gemeinde zu finden, von denen hier nur einige kurz vorgestellt werden sollen.

Etwa in der Mitte der Ehrenreihe des Feldes A liegt das Grab von **Michael Sachs** (1808–1864). Der Rabbiner wurde im schlesischen Glogau geboren. Nach seiner zehnjährigen Predigttätigkeit in Prag kam er im Jahre 1844 nach Berlin, wo er bis zu seinem Tode als Rabbiner wirken sollte. Er galt als brillanter und populärer Prediger. Er wandte sich vehement gegen die Einführung der Orgel in den Synagogalgottesdienst, unterstützte jedoch andererseits die Reformbestrebungen durch seine Übersetzungen der Gebetbücher in die deutsche Sprache. Als bedeutender Gelehrter, der Philosophie, Orientalistik und klassische Philologie studiert hatte, gehörte er zu den Vertretern der Wissenschaft des Judentums. Zusammen mit deren Begründer Leopold Zunz übersetzte er die Hebräische Bibel ins Deutsche. In der langen, inzwischen stark verwitterten hebräischen Inschrift des Grabsteins von Sachs heißt es unter anderem (nach einer älteren Übersetzung von Henriette Hirschberg):

„Des Abends- und Morgenlands Weisheit als Krone umglänzte ihn klar,/ das Erbe seiner Väter ihm teuer vor allem war./ In dunkle Talmudsprache, bedeckt mit Staubesschicht,/ bracht', weither aus der Ferne, er leuchtend helles Licht./ Und die unsere Ahnen gesungen, die Lieder ernst und trüb,/ in unserer Zeiten Sprache macht' er sie aufs neue uns lieb."

Ironischerweise nur ein kleines Stück weiter liegt ein lebenslanger Gegenspieler von Sachs begraben, der radikale Reformer und Rabbiner

0 10 20 30 40 50m
W4
W3
W2
W1
H
K
J
G
E
C
A
M
L1
L2
L3
L4
SF
F
D
B
EHRENREIHE
EHRENREIHE
Eingang
SCHÖNHAUSER ALLEE

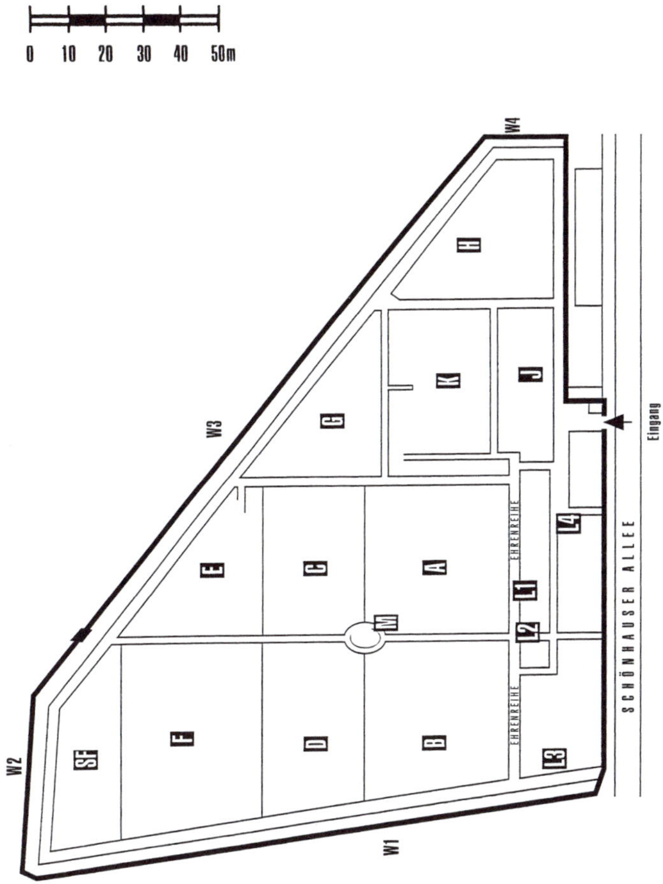

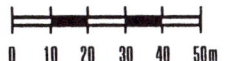

des Tempels in der Johannisstraße **Samuel Holdheim** (1806–1860).
Als Holdheim starb, drohte Sachs mit seinem Rücktritt, sollte der Tote
in der Ehrenreihe begraben werden. Nun, er wurde hier begraben und
Sachs blieb trotzdem in seinem Amt. Geboren in Kempno bei Posen, erhielt Holdheim eine traditionelle Ausbildung in Tora und Talmud. Nach
der gescheiterten Ehe mit einer gebildeten Frau, die ihn die deutsche
Sprache und weltliche Fächer lehrte, studierte er in Prag Philosophie.
Schon als Rabbiner in Frankfurt/Oder predigte er auf Deutsch und forderte eine Reformierung des überkommenen Erziehungssystems der
Juden. Als Provinzrabbiner von Mecklenburg-Schwerin reformierte er
schrittweise den Gottesdienst und gründete eine seinen Vorstellungen
entsprechende Schule. Im Jahre 1847 kam er nach Berlin, um in der neu
gegründeten Reformgemeinde als Rabbiner zu wirken. Hier führte er radikale Neuerungen ein, wie z. B. die Verlegung des Gottesdienstes auf
den Sonntag, den Verzicht auf die Kopfbedeckung der Männer in der
Synagoge und auf die Beschneidung.

Kurz darauf sind die beiden Grabsteine des Ehepaares **Emma** (1816
bis 1878) und **Baruch Auerbach** (1793–1864) zu sehen. Baruch Auerbach leitete 22 Jahre lang die Knabenschule der Gemeinde. Im Jahre
1833 gründete er die „Baruch-Auerbachschen Waisen- und Erziehungs-
anstalten für jüdische Knaben und Mädchen", die zuerst in der Rosenstraße 12 und ab 1858 in der Oranienburger Straße 38 untergebracht
waren. Auerbach, der selber nicht vermögend war, finanzierte die Einrichtungen allein durch Spendensammlungen. Von 1897 bis 1942, also
lange nach seinem Tode, befanden sich die beiden fortbestehenden
Heime in einem Gebäude in der Schönhauser Allee 162, schräg gegenüber vom Friedhof. Die letzten Kinder wurden zusammen mit ihren Er-
ziehern in die Vernichtungslager deportiert.

Das Grab von **Moritz Veit** (1808–1864) liegt nur wenige Meter weiter. Veit stammte aus einer wohlhabenden Berliner Familie. Zusammen
mit seinem Schwager gründete er in jungen Jahren einen Verlag, der
unter anderem den „Berliner Musenalmanach" und verschiedene Lie-
der- und Gedichtsammlungen herausgegeben hat. Von 1839 bis 1848
wirkte er als Vorsitzender der Jüdischen Gemeinde in Berlin und förderte
besonders die jüdische Schule und das Lehrerseminar. Im Jahre 1848
wurde er in die erste Frankfurter Nationalversammlung gewählt, und
von 1858 bis 1861 war er Abgeordneter des Preußischen Landtages. Über

20 Jahre engagierte er sich auch als Stadtverordneter und Stadtrat in Berlin.

Wiederum nur ein paar Schritte entfernt, befindet sich das Grab von **Sara** (1814–1881) und **Moritz Reichenheim** (1815–1872). Das Ehepaar stiftete im Jahre 1870 das „Reichenheimsche Waisenhaus der Jüdischen Gemeinde", das sich am Weinbergsweg 13 (Mitte) befand. Im Jahre 1917 wurde hier der Film „Das Waisenkind" mit Asta Nielsen gedreht. Das Heim wurde 1941 zwangsweise geschlossen und Zöglinge wie Lehrer wurden deportiert.

An der Ecke von Feld A gelangt man nun zum Doppelgrab der miteinander befreundeten Politiker **Eduard Lasker** (1829–1884) und **Ludwig Bamberger** (1823–1899). Zwischen zwei Säulen ist ein Stein aufgestellt, dessen deutschsprachige Inschrift lautet: „Hier ruhen im Tode vereint, die im Leben gemeinsam Streben für Deutschlands Einheit und Freiheit verband." Lasker wurde in Posen geboren und studierte in Breslau Rechtswissenschaften. An den Kämpfen der Revolution von 1848 beteiligte er sich in einer Studentenkompanie. Er zählte gemeinsam mit Bamberger zu den Mitbegründern der Nationalliberalen Partei und wurde zu ihrem Vorsitzenden gewählt. Er war Mitglied des Preußischen Abgeordnetenhauses und wie Bamberger auch des Deutschen Reichstages. Bamberger wurde für seine Beteiligung an der Revolution von 1848 zum Tode verurteilt; das Urteil wurde jedoch nicht vollstreckt. Als Parlamentarier waren beide Männer an der Ausarbeitung des Gesetzes von 1876 beteiligt, mit dem der Austritt aus der Jüdischen Gemeinde ohne Konversion möglich wurde. Aus Protest gegen das Einlenken der Nationalliberalen Partei auf die restriktive Politik Bismarcks sind sie ebenfalls gemeinsam 1880 aus ihr ausgetreten.

Hinter der Wegkreuzung wird die Ehrenreihe mit Feld B fortgesetzt. Hier liegt das Grab des Literaturwissenschaftlers **Ludwig Geiger** (1848 bis 1920), Sohn des liberalen Rabbiners Abraham Geiger. Er hat unter anderem eine immer noch lesenswerte „Geschichte der Juden in Berlin" verfasst und außer den „Goethe-Jahrbüchern" noch zahlreiche weitere Zeitschriften herausgegeben.

Zwei imposante Marmorsarkophage bilden die Grabstätte des Juristen **Hermann Makower** (1830–1897) und seiner Gattin. Die reich geschmückten, antikisierenden Grabmale sind allerdings leer, da die Verstorbenen unter ihnen begraben wurden. Makower war nicht nur

Vorsteher der Berliner Gemeinde, sondern auch Anwalt des Hauses der Hohenzollern. Darüber hinaus gründete er das Knabenwaisenhaus in der Berliner Straße 120/121 in Pankow, das ursprünglich für die Kinder von den Opfern der russischen Pogrome von 1881 gedacht war.

Dem Weg weiter folgend, entdeckt man das Grab von **Leopold Zunz** (1794–1886), dem Begründer der Wissenschaft des Judentums. Neben ihm wurde seine Ehefrau Adelheid (1802–1874) bestattet; über 50 Jahre war sie Gastgeberin eines literarischen Salons. Die beiden schlichten, abgerundeten Grabsteine sind aus hellem Marmor. In der langen hebräischen Inschrift für Leopold Zunz heißt es unter anderem: „Hier ruht die sterbliche Hülle/des ausgezeichneten, in seiner Generation einzigartigen Mannes,/der mit seinem Lichte die Augen seiner Gemeinde erleuchtete, alle Geistesschätze Israels zu erkennen."

Es folgt das Grab des Rabbiners **Abraham Geiger** (1810–1874). Er war ein entschiedener Verfechter des Reformjudentums und wurde erst 1870 als Rabbiner nach Berlin berufen. Er war an der Gründung der Hochschule für die Wissenschaft des Judentums beteiligt und lehrte dort während seiner letzten beiden Lebensjahre.

Am Ende dieses Weges geht der Rundgang rechter Hand weiter, immer an der Friedhofsmauer entlang. Nach etwa 35 Metern liegt links das Grab von **Meno Burg** (1789–1853). Er war der einzige Jude, der im 19. Jahrhundert in der Armee Preußens den Offiziersrang eines Majors erreichte. Juden war es normalerweise nicht erlaubt, höhere Dienstgrade beim Militär zu erklimmen. Nur durch den persönlichen Einsatz des General-Inspecteurs der Artillerie, Prinz August, der von den Fähigkeiten Burgs überzeugt war, konnte Burg Karriere machen. Der „Judenmajor" Burg wirkte vor allem als Lehrer an der Artillerie-Offiziersschule in Berlin. Sein Bruder, Jakob Moses Burg, war lange Jahre Gemeindevorsteher.

Etwa 20 Meter weiter liegt links das Erbbegräbnis der Familie Beer, das als klassizistisches Wandgrabmal mit erhöhter Rückwand und niedrigeren Seitenflügeln gestaltet wurde. Der berühmteste Spross dieser Familie ist sicherlich der Komponist **Giacomo Meyerbeer** (1791–1864). Seine marmorne Grabplatte ist auf einem Sockel gegen den rechten Seitenflügel gelehnt. Die Begräbnisanlage wurde anlässlich des 200. Geburtstages von Meyerbeer restauriert. Seitdem stehen auch wieder die Repliken antiker Amphoren auf den Mauern. Auch Meyerbeers Mutter,

Amalia Beer (1772–1854), seine Brüder Heinrich (1794–1842) und Wilhelm Beer (1797–1850) sind hier bestattet. Die Gedenktafel in der Mitte der Rückwand erinnert an seinen Bruder Michael Beer (1800–1833), den Dichter, der jedoch in München begraben wurde. Sein Vater Jacob Herz Beer wurde noch auf dem Friedhof in der Großen Hamburger Straße bestattet.

Ungefähr 60 Meter entfernt, folgt links das Grab von **David Friedländer** (1750–1834), dem Mitbegründer der Jüdischen Freischule und ersten jüdischen Stadtrat von Berlin.

Geht man am Ende des Weges nach rechts um die Ecke, stößt man nach etwa 20 Metern an der Friedhofsmauer auf das Erbbegräbnis der Familie **Hirschfeld**. Der Bankier Israel Hirschfeld (1801–1866) ließ sich von dem Schinkelschüler Johann Heinrich Strack (1805–1880), der auch die Siegessäule entwarf, eine klassizistische Grabanlage erbauen. Die dreiflügelige Anlage besteht aus Sockelmauern, auf denen dorische Säulen einen mit Lorbeerkränzen geschmückten Architrav tragen. Die Zwischenräume zwischen den Säulen sind erst später, bei der Errichtung der benachbarten Wohnhäuser, zugemauert worden. Einst waren die auf dem Innenhof aufgestellten Grabsteine auch durch ein Eisengitter an der Wegseite geschützt. Dieses fehlt heute ebenso wie die Vasen auf dem Architrav.

Weiter der Friedhofsmauer folgend, passiert man den verschlossenen zweiten Eingang des Friedhofs, das so genannte Tor zur „Kommunikation", und gelangt zum Grab von **Joseph Mendelssohn** (1770–1848).

Gegenüber, in dem Eckstück von Feld E, befindet sich das repräsentative Erbbegräbnis der Familie des Botanikers **Nathanael Pringsheim** (1823–1894). Eine niedrige Mauer umfasst fast vollständig die Gräberfläche. Nur der Mittelteil der etwas erhöhten Rückwand wird durch einen wuchtigen Giebel hervorgehoben, unter dem der Name Pringsheim zu lesen ist. Pringsheim untersuchte mithilfe von Mikroskopen das lichtempfindliche Chlorophyll der Pflanzen und das „Sexualleben" der Algen. Er war ab 1856 Mitglied der Akademie der Wissenschaft und hat die „Jahrbücher für die wissenschaftliche Botanik" herausgegeben.

Weiter auf demselben Weg liegt am nächsten Abzweig rechts, im Feld E, eines der meistbesuchten Gräber dieses Friedhofs: das Familiengrab der Liebermanns, in dem auch der Maler **Max Liebermann** (1847 bis 1935) bestattet wurde. Die L-förmige Anlage im Stil der Neorenaissance hat der Architekt Hans Grisebach entworfen. Die Inschrift in deutscher Fraktur auf der Grabplatte von Max Liebermann ist der biblischen Geschichte vom Kampf Jakobs mit dem Engel entnommen. Weiterhin sind hier seine Eltern, sein Bruder Georg und seine Ehefrau Martha beigesetzt.

Ein Abstecher in das Feld E hinein führt zum Grab von **Leopold Ullstein** (1826–1899). Für ihn und seine beiden neben ihm begrabenen Ehefrauen wurden jeweils rötliche, sehr schlichte Granitsteine errichtet, deren knappe Inschriften vergoldet sind.

Zurück auf dem Weg an der Friedhofsmauer, gelangt man am nächsten Abzweig zum Eckgrundstück von Feld G. Hier wurde **Sophie Loewe** (1847–1876) in einer der auffälligsten Grabanlagen überhaupt beerdigt. Ihr wurde eine Pyramide, die sich bei näherer Betrachtung als Flachrelief erweist, errichtet. Ein Medaillon mit ihrem Porträt im Halbprofil, das von einem Kranz eingefasst wird, ist über einer angedeuteten Pforte an der Pyramide angebracht. Das Bildnis ist in Berlin das früheste Zeugnis für die ohnehin nicht sehr zahlreichen Verstöße gegen das Bilderverbot auf jüdischen Friedhöfen. Im angedeuteten Türrahmen ist die beschriftete Grabplatte eingelassen. Die deutsche Inschrift enthält ungewöhnlicherweise auch das Datum der Vermählung. Ihr gegenüber begrabener Ehemann, **Ludwig Loewe** (1837–1886), wollte damit dem schmerzhaften Verlust seiner jungen Gattin nach nur neun Ehejahren Ausdruck verleihen. Loewe war nicht nur ein erfolgreicher Fabrikant, sondern zeitweise auch der Privatsekretär von Ferdinand Lassalle.

Die letzte Grabanlage links an der Friedhofsmauer zur Straßenseite ist die der Eheleute **Bertha** (1837–1918) und **Moritz Manheimer** (1826 bis 1916), die das ehemalige Jüdische Altersheim, dessen Gebäude sich gleich hinter der Friedhofsmauer befindet, gestiftet haben. Das gemauerte Grabmal wird durch einen aufwendig gestalteten Mittelteil, in dem eine Nische mit einer Vase eingelassen ist, sowie einige mit Rundbögen verbundene Säulen geschmückt.

Rechter Hand gelangt man nun wieder zum Eingang des Friedhofs.

FRIEDHOF HERBERT-BAUM-STRASSE 45 (WEISSENSEE)

Öffnungszeiten: Sonntag bis Donnerstag von 7.00 bis 17.00 Uhr, im Winter bis 16.00 Uhr; Freitag von 7.00 bis 15.00 Uhr.

Der Jüdische Friedhof in Weißensee befand sich einst „janz weit drau-ßen" oder abgekürzt „j. w. d.", wie der Berliner gern abwinkend zu sagen pflegt. In Weißensee wurden noch im letzten Jahrhundert in weithin unbebauter Landschaft einige großflächige Friedhöfe angelegt. Doch die Großstadt Berlin fraß sich bald auch bis in diese Randgebiete vor. Heute grenzt das riesige Areal des jüdischen Friedhofs längst an Wohn-siedlungen, Fabrikgelände und Schrebergärten. An der östlichen Be-grenzungsmauer des Friedhofs, die 1983/84 aus Betonfertigteilen, ver-ziert mit siebenarmigen Leuchtern, neu aufgebaut wurde, braust der Verkehr auf der Indira-Gandhi-Straße.

Als die Mitgliederzahl der Jüdischen Gemeinde in Berlin schon um 1875 auf 65 000 angewachsen war, wurde absehbar, dass auch der Friedhof in der Schönhauser Allee bald seine Kapazitätsgrenze erreicht haben würde. Deshalb erwarb die Gemeinde ein ausreichend großes neues Grundstück, das insgesamt 43 Hektar umfasst. Für die Friedhofs-gestaltung wurde von der Gemeinde im Jahre 1878 ein Wettbewerb ausgeschrieben, zu dem nur Mitglieder des Berliner Architektenvereins eingeladen waren. Immerhin 25 Entwürfe wurden eingereicht. Aus zu-nächst drei ausgewählten gleichwertigen Entwürfen entschied man sich schließlich für den von Hugo Licht, dem späteren Stadtbaurat und Professor für Baukunst in Leipzig. In Leipzig entfaltete Licht eine rege Bautätigkeit, aus der unter anderem das Neue Rathaus und das nach seinem Stifter benannte Grassi-Museum hervorgingen.

Am 22. September 1880 wurde der Jüdische Friedhof in Weißensee eingeweiht. Das Friedhofsgelände ist streng geometrisch in einzelne Felder, die übersichtlich mit Buchstaben und Nummern bezeichnet sind, aufgeteilt. Für den Eingangsbereich entwarf Licht eine Trauerhalle, einen Klinkerbau im Stil der Neorenaissance. Die offenen Arkaden an der Ein-gangsseite des T-förmigen Gebäudes sind nach hinten verglast. Die eigentliche, auf der Rückseite des Hauses gelegene Trauerhalle ist auf quadratischem Grundriss als Zentralbau mit einem achteckigen Tambour errichtet. Im Eingangsbereich ließ Licht ein Rondell anlegen, das einst von Bäumen eingefasst war. Die Friedhofsanlage selbst stellt eine veritable Nekropole dar: eine ganze Totenstadt mit Prachtalleen, Nebenstraßen, Gassen, Plätzen, Rondellen und Wegkreuzungen.

Eine eigene Gärtnerei mit Gewächshäusern wurde angelegt, um den Besuchern Kränze und Blumen, die eigentlich nicht in die jüdische Friedhofstradition gehören, anbieten zu können. Nach der nationalsozialistischen Machtübernahme ließen sich hier zahlreiche Juden vor ihrer Auswanderung zu Gärtnern und Landwirten umschulen, um sich so eine berufliche Perspektive in den Exilländern, vor allem in Palästina, zu eröffnen.

Im Jahre 1910 wurde der Bau einer zweiten Trauerhalle notwendig, da zu dieser Zeit durchschnittlich fünf bis sechs Begräbnisse pro Tag allein auf diesem Friedhof stattfanden. Die am 13. Januar 1911 eingeweihte neue Halle war sogar mit einem elektrischen Fahrstuhl ausgestattet, mit dem die Särge aus dem Kellergeschoss in die Bethalle hinaufgefahren werden konnten.

Vor dieser Trauerhalle legte man in den Jahren ab 1914 einen Ehrenhain für die im Ersten Weltkrieg gefallenen jüdischen Soldaten an, der 1927 von dem Gemeindebaumeister Alexander Beer gestaltet und am 27. Juni des gleichen Jahres eingeweiht wurde. Das gesamte Areal ist durch eine zwei Meter hohe Mauer vom übrigen Friedhof abgesetzt. Das drei Meter hohe zentrale Denkmal aus Muschelkalkstein soll einen Altar darstellen. Den gepflasterten Platz um das Ehrenmal umgeben gleichförmige, niedrige Grabsteine, die nur die Namen und Lebensdaten der Gefallenen tragen.

Nach heftigen Auseinandersetzungen und einem Gemeindebeschluss wurden schließlich auch die im Judentum bis dahin unüblichen Feuerbestattungen zugelassen. Die Asche der Toten wurde seit 1926 auf eigens angelegten Urnenfeldern beigesetzt.

Der Jüdische Friedhof in Weißensee war – neben dem Jüdischen Krankenhaus in der Exerzierstraße in Wedding – die letzte verbliebene jüdische Einrichtung, die bis zum Ende der nationalsozialistischen Diktatur und Verfolgung in jüdischer Verwaltung blieb. Ausgerechnet auf einem Friedhof fand noch jüdisches Leben statt. Hier wurden nicht nur die Verstorbenen nach jüdischem Ritus bestattet, sondern auch an jüdischen Feiertagen von dem Rabbiner Martin Riesenburger heimliche Gottesdienste gehalten. Nach den Erinnerungen des damaligen Leiters

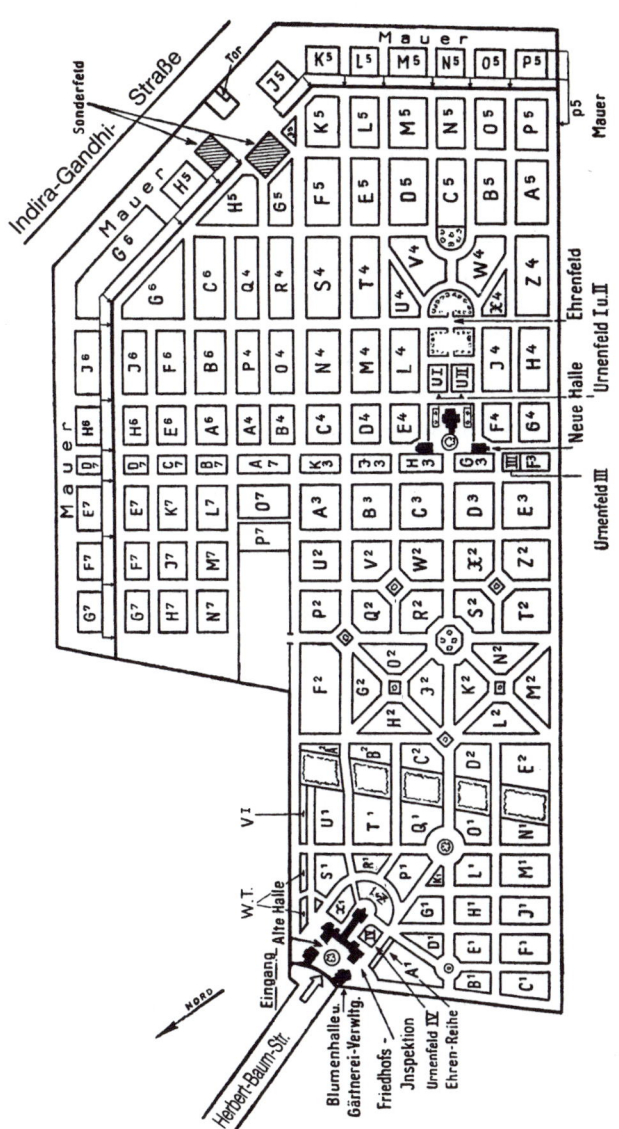

der Friedhofsverwaltung Arthur Brass fand zwischen „1938 und 1945 keine Kontrolle des Friedhofsgeländes und der Gebäude auf dem Friedhof durch die Gestapo statt". So konnten sich untergetauchte Juden auch zeitweise auf dem Friedhofsgelände verstecken. Natürlich musste man trotz allem immer damit rechnen, dass die Gestapo das Gelände durchkämmen würde. Selbst die wenigen verbliebenen Friedhofsarbeiter hätten jederzeit deportiert werden können.

In der Zeit der Deportationen nahm die Zahl der verübten Selbstmorde drastisch zu. Allein im Jahre 1942 wurden hier 811 Menschen begraben, die den Freitod gewählt hatten, um der sicheren Ermordung zuvorzukommen. Die Grabfelder der Abteilung 7 wurden für die Urnen, die aus den Konzentrationslagern kamen, angelegt. Im Zweiten Weltkrieg wurden etwa 4000 Gräber, die zweite Trauerhalle und die Gewächshäuser durch Bombenangriffe zerstört.

Unmittelbar nach Kriegsende hielt Riesenburger auf diesem Friedhof die ersten legalen jüdischen Gottesdienste in Berlin. Bis zur Eröffnung des Jüdischen Friedhofs in der Heerstraße wurden hier auch die Mitglieder der West-Berliner Gemeinde beerdigt. Die stark dezimierte Gemeinde sah sich außerstande, den Friedhof vor Verwahrlosung zu schützen. In der DDR, in der Antisemitismus zwar offiziell als nicht existent galt, war der Friedhof doch schon in den späten 50er Jahren und erneut in den 80er Jahren Opfer von Grabschändungen.

Die Friedhofsinspektion führt ein Beisetzungs- und Grabstellenregister, in dem bis heute über 115 000 Gräber verzeichnet sind. Der Friedhof in Weißensee ist damit einer der größten jüdischen Friedhöfe in Europa. In den 20er Jahren wurden für seine Pflege noch über 200 Arbeitskräfte beschäftigt. Da nur etwa 1500 Grabstellen von den wenigen Hinterbliebenen und Überlebenden der Schoa, die noch in Berlin wohnhaft sind, gepflegt werden, sind die Arbeitskräfte, die heute in geringer Zahl noch hier tätig sind, völlig überfordert. Besonders abseits der großen Alleen sind weite Teile des Friedhofs überwuchert. Die Gemeinde investiert jährlich 1,6 Millionen Mark allein für die Pflege des riesigen Areals. Da der Friedhof unter Denkmalschutz steht, kommen noch Zuschüsse vom Berliner Senat hinzu. Aber auch der Bund, die Bundeswehr und das Landesdenkmalamt finanzieren die Sanierung von Gräbern. Außer den zeitweilig beschäftigten ABM-Kräften helfen mitunter auch freiwillige Schülergruppen bei Aufräumungs- und Gartenarbeiten.

Das jüngste Beispiel für die zahlreichen rechtsradikalen Anschläge auch auf diesen Friedhof stammt von Anfang Oktober 1999, als unbekannte Täter 103 Grabsteine umgestürzt und zum Teil irreparabel zerstört haben. Zu der gleichen Zeit wurde auch das Mahnmal an der Putlitzbrücke mit Hakenkreuzen beschmiert, und 26 Gräber wurden auf einem Evangelischen Friedhof in Friedrichshain beschädigt. Eine Steinmetzfirma aus Marzahn erklärte sich sofort bereit, die Schäden auf dem jüdischen Friedhof unentgeltlich zu reparieren. Daraufhin drangen Unbekannte in der Werkstatt ein und lädierten 150 Grabsteine. Da für den verursachten Schaden von rund 80 000 Mark keine Versicherung aufkam, wurde in der Öffentlichkeit zu Spenden aufgerufen. Die Verantwortlichen der genannten Straftaten wurden bis heute nicht gefasst. In Gesprächen, die zwischen der Gemeinde, dem Staatsschutz, der Polizei und dem Berliner Senat stattfanden, wurde über ein neues Sicherungskonzept für den Friedhof beraten.

Mit dem Lageplan (S. 129) fällt die Orientierung auf dem großen Friedhof nicht schwer. Beginnend bei der Ehrenreihe, von Feld A1 nach G1, folgt die Darstellung der Anordnung der Gräber vom Eingangsbereich immer tiefer in das Friedhofsgelände hinein. Herausgegriffen sind nur einige der bekannten jüdischen Persönlichkeiten, die hier bestattet wurden.

Im Eingangsbereich steht in der Mitte des Rondells ein Gedenkstein, der an die ermordeten Juden der Jahre 1933 bis 1945 erinnert. Auf einem ringförmigen Rasenstreifen, der diesen Stein umgibt, liegen weitere, kleinere Gedenksteine, auf denen die Namen der großen Konzentrationslager zu lesen sind.

Rechter Hand führt ein Weg zur Ehrenreihe, die in der ersten Reihe der Felder A1 und G1 angelegt wurde.

Schlicht ist die Grabstelle des Gelehrten **David Cassel** (1818–1893), der als Dozent an der Hochschule für die Wissenschaft des Judentums wirkte. Er gehörte zu den Mitbegründern des Hilfsvereins für jüdische Studierende und leitete über 30 Jahre die „Dina-Nauensche-Erziehungsanstalt für Waisenkinder" in Berlin. Obwohl er ein Rabbinerdiplom erworben hatte, wirkte er nie in diesem Amt, sondern widmete sich seinen Studien zur Geschichte der hebräischen Literatur und zu den Psalmen. Weiterhin hat er einige hebräische Werke jüdischer Philosophen herausgegeben und viel benutzte Lehr- und Wörterbücher geschrieben.

Der helle Grabstein für **Louis Lewandowski** (1821–1894) und seine Gattin besteht aus abgestuftem Sockel, Postament und dreieckigem Giebel. Eine am Postament befestigte schwarze Inschrifttafel endet mit dem Motto: „Liebe macht das Lied unsterblich." Die unsterbliche Liebe der beiden Eheleute zueinander und das unsterbliche Lied, das der Komponist für die Synagogalliturgie vertonte, sind hier gleichermaßen ausgedrückt.

Der Gelehrte und bedeutende Vertreter der Wissenschaft der Judentums, **Moritz Steinschneider** (1816–1907), arbeitete vor allem auf dem Gebiet der Bibliographie von hebräischen Handschriften und Druckwerken. Seine zahlreichen und meistens umfangreichen Schriften besitzen den Charakter von riesigen Datenbanken, allerdings ohne dass die überquellende Fülle an Informationen so bequem zugänglich wäre wie bei moderner Computertechnologie. Hinzu kommt, dass Steinschneider kein Interesse für die stilistische und inhaltliche Überarbeitung der endlos aneinander gereihten Notizen, Anmerkungen und Verweise aufbrachte, sondern lieber die nächste Bibliothek nach Hebraica durchforstete. Steinschneider verstand sich selbst als eine Art Totengräber, der der für ihn abgeschlossenen hebräischen Literaturgeschichte nur noch ein „ehrenvolles Begräbnis" bereitet. Er starb, ohne das katastrophale Ende der trügerischen deutsch-jüdischen Symbiose erleben zu müssen und ohne das bemerkenswerte Wiederaufleben einer hebräischen Literatur bestaunen zu können. Der mit einem Davidstern und zwei Palmwedeln geschmückte Granitstein ist ihm und seiner Gattin gewidmet.

Ein schwarzer Granitstein wurde für den Schriftsteller **Karl Emil Franzos** (1848–1904) errichtet. Sein Hauptwerk ist der Roman „Der Pojaz", in dem die Geschichte eines galizischen Juden erzählt wird, der versucht sich in einer ihm feindlichen Gesellschaft durchzusetzen.

Der Rabbiner **Martin Riesenburger** (1896–1965) wirkte ab 1933 im Jüdischen Altersheim in der Großen Hamburger Straße, bis es von der Gestapo in ein Sammellager umgewandelt wurde. Danach setzte er seine seelsorgerische Arbeit auf dem Friedhof in Weißensee fort. Er führte Bestattungen und mitunter sogar heimlich Gottesdienste durch. Mutig half er auch, untertauchende Juden und gerettete Torarollen zu verstecken. Schon am 11. Mai 1945 hielt er auf diesem Friedhof den ersten Gottesdienst ab. In der DDR war er der Landesrabbiner der ostdeutschen Jüdischen Gemeinden.

Gedenkstein auf dem Friedhof Herbert-Baum-Straße

Nun ist die Ehrenreihe auf Feld G1 erreicht. Ein in Weißensee selten verwendeter Sarkophag schmückt das Grab von **Hermann Cohen** (1842 bis 1918), dem Philosophen der Marburger Schule des Neukantianismus. Die segnenden Hände des Priesters an der Giebelwand verweisen auf den Namen Cohen, der Priester bedeutet. Nach seiner Emeritierung zog Cohen nach Berlin, um sich gegen Lebensende stärker mit der jüdischen Religion auseinander zu setzen. Er unterrichtete an der Hochschule für die Wissenschaft des Judentums und schrieb an seinem späten Hauptwerk „Die Religion der Vernunft aus den Quellen des Judentums", das erst nach seinem Tode veröffentlicht wurde.

Eine spitzgiebelige Stele aus Muschelkalk bildet das Grab von **Micha Josef Bin-Gorion** (1865–1921). Sie zeigt eine besonders gelungene Typographie der hebräischen Lettern. Ein zum Sprung ansetzender Löwe verweist auf den etwas ungewöhnlich vokalisierten hebräischen Nachnamen. Geborener Berdyczewski, hat er sich diesen Namen erst zugelegt, als er sich um die Wiederbelebung des Hebräischen als Literatursprache zu bemühen begann. Sehr populär wurde er durch seine Sammlungen jüdischer Legenden und Geschichten, die unter dem Titel „Der Born Judas" und „Die Sagen der Juden" von ihm herausgegeben wurden.

Gegenüber befindet sich auf dem Weg ein einzeln stehender Grabstein, der zu Ehren des im Widerstand aktiven Kommunisten **Herbert Baum** (1912–1942) errichtet wurde. Sein Grab wurde erst nach dem Krieg in Mahrzahn ausfindig gemacht. Die sterblichen Überreste wurden im Jahre 1949 nach Weißensee umgebettet. Zugleich wurde die zum Friedhof führende Lothringenstraße ihm zu Ehren in Herbert-Baum-Straße umbenannt. Die Rückseite des schwarzen Granitsteins zählt die Namen und das junge Alter der hingerichteten Mitglieder der Herbert-Baum-Gruppe auf. In unmittelbarer Nähe, auf Feld Z1, befindet sich die Grabstelle von **Richard** (1911–1975) und **Charlotte Holzer** (1909–1980), die als einzige der Widerstandsgruppe nicht ermordet wurden.

Wiederum in der Ehrenreihe liegt das Grab des impressionistischen Malers und Graphikers **Lesser Ury** (1861–1931), dessen Grabstein durch seine schnörkellose, moderne Gestaltung besticht. Bis auf die hebräische Schlusseulogie, die hier allerdings eigenartigerweise an den Anfang gesetzt wurde, ist die Inschrift deutschsprachig. Ury blieb die ihm gebührende Anerkennung durch Kunstkritik und Publikum zeitlebens verwehrt, nicht zuletzt wegen früher Streitigkeiten mit dem einflussreicheren Max Liebermann. Wohnung und Atelier des vereinsamten Künstlers befanden sich von 1888 bis zu seinem Tod am Nollendorfplatz 1.

Nicht mehr in der Ehrenreihe, sondern am Wegrand der zehnten Reihe von Feld A1 liegt der Journalist und Literat **Theodor Wolff** (1868–1943) begraben. Er war seit 1894 der Pariser Korrespondent für das „Berliner Tageblatt" und setzte sich dort gemeinsam mit Emile Zola und Anatole France für die Rehabilitierung des jüdischen Hauptmanns Dreyfus ein, der unschuldig des Verrats bezichtigt wurde. Ab 1906 war er Chefredakteur des Tageblatts und in der Weimarer Republik gehörte er zu den wichtigsten Journalisten. Unmittelbar nach Hitlers Machtübernahme verfasste er einen Leitartikel, in dem er den Widerstand gegen die Nationalsozialisten beschwor. In der Nacht des Reichstagsbrandes flüchtete er, wurde jedoch zehn Jahre später in Nizza von der Gestapo verhaftet. Der schon 75-Jährige durchlitt mehrere Gefängnisse und das KZ Sachsenhausen, bis er völlig entkräftet im Jüdischen Krankenhaus in der Exerzierstraße (heute: Iranische Straße) im Wedding verstarb.

Gegenüber von Feld M1 befindet sich an der Friedhofsmauer das Mausoleum der Familie des Verlegers **Rudolf Mosse** (1843–1920). Das klassizistische Grabmal aus rotem Granit ist ein typisches Beispiel für die Übernahme antiker Formensprache unter gleichzeitigem Verzicht auf jüdische Symbolik und Epigraphik. Mosse gründete 1872 einen Zeitungsverlag, in dem das „Berliner Tageblatt", die „Berliner Morgenzeitung", die „Berliner Volkszeitung", das „8-Uhr-Abendblatt" und einige Illustrierte erschienen. Nach seinem Tode wurde der Firmensitz, das Mosse-Haus in der Schützenstraße 15–18 (Mitte), von Erich Mendelsohn und Richard Neutra umgebaut und erweitert. Das beeindruckende Architekturdenkmal kann man heute noch bestaunen. Das Unternehmen wurde 1933 von den Nationalsozialisten enteignet.

Auf Feld U1, Reihe 11, wurde **Lina Morgenstern** (1830–1909) begraben. Der Volksmund nannte sie so treffend wie liebevoll „Suppen-Lina" – sie hatte eine Reihe von Volksküchen eingerichtet. Die überaus engagierte Sozialarbeiterin gründete verschiedene Vereine, darunter den Kinderschutzverein, den Frauenverein zur Beförderung der Fröbelschen Kindergärten, den Arbeiterinnen-Bildungsverein, den Berliner Hausfrauenverein gegen Verteuerung und Verfälschung der Lebensmittel und den Frauenverein zur Rettung sittlich verwahrloster und strafentlassener minderjähriger Mädchen. Die knappe Inschrift auf dem Grabstein, den sie mit ihrem Gatten teilt, rühmt sie als „große Menschenfreundin". Ein Ehrenkranz schmückt den abgerundeten Giebel des Granitsteins.

Auf Feld C 2, am Rondell, befindet sich das Erbbegräbnis der Familie des Bankiers **Sigmund Aschrott** (1826–1915). Das stark nachgedunkelte Mausoleum aus einst rötlichem Granit ließ der Königlich-Preußische Geheime Kommerzienrat Aschrott ursprünglich für seine Ehefrau Anna errichten. Der Entwurf stammt von dem Architekten des Leipziger Völkerschlachtdenkmals Bruno Schmitz. Ein als Oberlicht dienender, durchbrochener Davidstern schmückt das pyramidenförmige Dach. Das kolossale Grabmal erweckt dennoch den Eindruck einer zwar kostspieligen, doch zugleich geschmacklosen Abkehr von jüdischer Grabkunst.

Die schlichten Erbbegräbnisse der Familien der Kaufhausunternehmer **Hermann Tietz** (1837–1907) und **Oskar Tietz** (1858–1923) befinden sich auf Feld O2, gegenüber von Feld G2.

Auf Feld T2, am Rondell, erblickt man das Erbbegräbnis der Familie des Gastronomen **Berthold Kempinski** (1845–1910). Es besteht aus einer Säulenreihe, die mit Grabplatten geschlossen ist und bogenförmig die Rückseite des Grundstücks darstellt. Auf der großen geschmückten Urne, die auf einem frei stehenden Säulenstumpf angebracht ist, ist ein Medaillon mit dem Porträt Kempinskis zu sehen. Im Jahre 1873, ein Jahr nach seiner Ankunft in Berlin, eröffnete Kempinski seine erste Weinhandlung in der Friedrichstraße 178. Später folgten noch eine Weinversandhandlung, ein Delikatessengeschäft, ein Weinlager und ein Weinrestaurant am Kurfürstendamm 27, Ecke Fasanenstraße. An dieser Stelle befindet sich heute das Hotel Kempinski, das zwar noch den alten Namen trägt, aber von den Nationalsozialisten „arisiert" wurde. Die Mitglieder der Familie Kempinski wurden vertrieben oder ermordet.

Gegenüber von Feld T2 liegt an der Umfriedungsmauer das Erbbegräbnis der Familie des Kaufhausunternehmers **Adolf Jandorf** (1870 bis 1932). Nachdem er auf einer Reise in die USA die dortigen Verkaufstechniken kennen gelernt hatte, eröffnete Jandorf im Jahre 1892 in Berlin am Spittelmarkt (Mitte) sein erstes Kaufhaus nach amerikanischem Vorbild. Ihm sollten noch fünf weitere folgen, darunter das 1907 eröffnete Kaufhaus des Westens, das „KaDeWe".

Auf dem Eckgrundstück von Feld D4, in Richtung C4 und M4, befindet sich das Erbbegräbnis der Familie des Zigarettenfabrikanten **Josef**

Garbáty-Rosenthal (1851–1939). Die fast geschlossene, klassizistische Grabanlage besteht aus einer leicht geschwungenen Säulenreihe, die nach vorn in niedrigere Mauerflügel ausläuft. Die Rückwand wird beherrscht von zwei dorischen Säulenpaaren, die einen abgestuften Giebel mit dem Familiennamen tragen. Der erfolgreiche Fabrikant stiftete unter anderem die Synagoge im Jüdischen Waisenhaus in Pankow, einen Lehrstuhl an der Hochschule für die Wissenschaft des Judentums und verschiedene Sozial- und Freizeiteinrichtungen für seine Belegschaft. Im Jahre 1938 wurde die Familie enteignet und das Unternehmen „arisiert". Die Söhne konnten mit ihren Familien in die USA emigrieren. Das über 88-jährige Familienoberhaupt blieb zurück und verstarb ein Jahr später.

Auf Feld J4, gegenüber von den Urnengräbern am Ehrenfeld, liegen die Gräber des Verlegers **Samuel Fischer** (1859–1934) und seiner Familie. Sein äußerst schlichter Grabstein, der den Namen und die Lebensdaten trägt, wird nur durch das bekannte Firmensignet geschmückt.

Ein schlanker, oben abgerundeter und sehr schlichter Grabstein in Feld P4 wurde für **Moritz Heimann** (1868–1925), den verdienstvollen Cheflektor im S.-Fischer-Verlag, errichtet.

Ebenfalls auf Feld P4, gegenüber von Feld O4, befindet sich das Grab des Kaufmanns **Albert Mendel** (1866–1922). Der Entwurf für das immer noch modern wirkende Grabmal stammt von dem wegweisenden Bauhaus-Architekten Walter Gropius (1883–1969), der schon die Inneneinrichtung für Mendels Haus am Lützowplatz entworfen hatte. Die 1924 aufgestellte asymmetrische Grabanlage besteht aus einer oben und rechts gerahmten Rückwand und einem stilisierten, völlig schmucklosen und spröden Sarkophag, der schräg davor steht. Mit diesem Grabmal hat Gropius die Forderung des Wiener Architekturtheoretikers Adolf Loos (1870–1933), auf die Verwendung von Ornamenten zu verzichten, konsequent umgesetzt.

Auf Feld F5 lohnt es sich, den Grabstein des Regierungsbaumeisters **Louis Fränkel** (1863–1922) in der 19. Reihe aufzusuchen. Das ausdrucksstarke Grabmal besteht aus sieben, nach oben spitz zulaufenden Scheiben, die, hintereinander stehend, immer größer werden und entfernt an die Bundestafeln erinnern. Die vorderste und kleinste Platte trägt die Namen von Louis Fränkel und seiner Gattin sowie ihre Lebensdaten. Die zweite, deutlich größere wird von einem Davidstern geschmückt.

Das gesamte Grabmal steht auf einem fünfstufigen Sockel. Es stellt sicherlich ein äußerst gelungenes Beispiel für den Versuch dar, sich einer modernen Formensprache zu bedienen und zugleich auf die jüdische Tradition zu verweisen. Letzteres geschieht durch Anzahl und Gestalt der einzelnen Bauelemente, die in die Höhe weisende Linienführung und den Davidstern.

Auf Feld G5 findet man das Erbbegräbnis der Familie Scholem. Allein das Familienoberhaupt, der Druckereibesitzer Arthur Scholem (1863 bis 1925), hat hier wirklich seine letzte Ruhe gefunden. Der berühmteste Sohn dieser völlig assimilierten Berliner Familie ist sicherlich der Geisteswissenschaftler **Gerhard Gershom Scholem** (1897–1982). Der glühende Zionist wanderte schon 1923, unmittelbar nach seiner Promotion in München, nach Palästina aus, wo er in Jerusalem zunächst als Bibliothekar und wenig später als Dozent und Professor an der neu gegründeten Hebräischen Universität wirkte. Er ist der Begründer der wissenschaftlichen Erforschung der Kabbala, der mystisch-theosophischen jüdischen Geheimlehre. Nachdem er in hohem Alter der Einladung als erster Fellow an das neu eröffnete Wissenschaftskolleg in Berlin gefolgt war, erkältete er sich in dem für ihn ungewohnt kalten Winter und verstarb nach seiner Rückkehr in Jerusalem, wo er auch begraben wurde. Seine Mutter Betty Scholem (1866–1946) folgte ihrem Sohn Erich Scholem (1893–1965) 1939 hochbetagt ins australische Exil, wo sie auch verstarb und beerdigt wurde. Ein weiterer Sohn, der Kommunist Werner Scholem (1895–1942), war Abgeordneter im Deutschen Reichstag und wurde im Konzentrationslager Buchenwald ermordet. Wie in einem Kaleidoskop vereinigen sich in dieser deutsch-jüdischen Familie typische Schicksale, die durch die Stichworte Unternehmertum, Assimilation, Zionismus, Emigration, Kommunismus und Ermordung angedeutet werden können.

Das Mausoleum des Kammersängers **Joseph Schwarz** (1881 bis 1926) auf Feld A6, gegenüber von Feld E6, hat die Gestalt eines griechischen Tempels. Dorische, nichtkannelierte Säulen tragen einen verzierten Architrav, auf dem das durch dreieckige Giebel abgeschlossene Satteldach aufliegt. Die offene Grabanlage wird nur durch die Rückwand, die von Lichtöffnungen durchbrochen ist und auf deren Innenseite der Name des Verstorbenen steht, geschlossen. Im Innern befindet sich ein klassizistisch gestalteter Steinblock, der auf seiner Vorderseite den

Psalmvers „Herr, du bist meine Zuflucht für und für" zeigt. In der Zeit des Zweiten Weltkrieges wurde die Grabanlage selbst zur Zuflucht von untergetauchten Juden, die sich in der Nacht im Dachaufbau versteckten.

ADASS-JISROEL-FRIEDHOF

Wittlicher Straße 2 (frühere Falkenberger Chaussee; Weißensee),
Tel. 925 17 24
Öffnungszeiten: Nur nach telefonischer Vereinbarung unter
Tel. 281 31 35.

Eine der ersten Bemühungen der neu gegründeten Seperatgemeinde Adass-Jisroel galt der Anlage eines eigenen Friedhofs, da die zahlreichen Neuerungen des Reformjudentums, die von den orthodoxen Juden abgelehnt wurden, auch das Friedhofswesen betrafen. So änderten die Reformrabbiner z. B. die Friedhofsliturgie. Sie erlaubten den Friedhofsbesuch am Schabbat und an den Feiertagen. Auch gestatteten sie die Beerdigung der Toten in einem geschnitzten Sarg, während nach altem Brauch alle Juden gleichermaßen in einem einfachen Holzschrein bestattet wurden. Besonders anstößig für das religiöse Empfinden der Orthodoxen waren die repräsentativen und mitunter protzigen Grabanlagen. Gegen diese Entwicklungen formulierte die Austrittsgemeinde später eine eigene „Friedhofs- und Begräbnis-Ordnung". Darin wurde die genaue Beachtung der religionsgesetzlichen Vorschriften festgelegt: keinerlei Grabschmuck, keine Blumen und Kränze, weiße, leinerne Sterbegewänder und keine repräsentativen Erbbegräbnisse. Nichthebräische Inschriften dürfen nur auf der Rückseite der Grabsteine angebracht sein, die immer vor dem Holzschrein stehen sollen. Alle Mitglieder von Adass-Jisroel und ihre Angehörigen haben Anspruch auf eine Grabstätte des Friedhofs, aber auch Nichtmitglieder werden auf Antrag hier beigesetzt.

Am 22. Dezember 1873 erwarb die Gemeinde ein etwas über zwei Hektar großes Gelände zwischen der heutigen Wittlicher und der Piesporter Straße in Weißensee. Nachdem am 28. Juli 1876 das Austrittsgesetz verabschiedet worden war, drohte die Hauptgemeinde den Mitgliedern von Adass-Jisroel, sie nicht mehr auf den Friedhöfen der Hauptgemeinde bestatten zu lassen. Erst 1880 wurde das erste Gemeindemitglied, Abraham Michelson, auf dem neuen Friedhof beerdigt (Feld A, Reihe 1). Eine eigene Beerdigungsgesellschaft, eine *Chewra Kaddischa*, gründete man 1890. Etwa 3000 Gräber wurden auf dem Friedhof angelegt.

In der NS-Zeit wurde er kaum beschädigt. Nur die Feierhalle, die sich links am Eingang befand, wurde von Bomben getroffen und musste nach dem Krieg abgerissen werden. Bis 1974 pflegte der Friedhofswart Arthur Sterr den Friedhof. Nachdem er pensioniert war, übernahm der Friedhof in der Herbert-Baum-Straße die Verwaltung. Ungefähr ein Drittel des Geländes, das nicht parzelliert war, wurde verkauft. Der seinem Schicksal überlassene Friedhof verwahrloste und wurde überwuchert. Durch einen wegen der beschädigten Umfriedungsmauer offenen Zugang gelangten einige Zeit Anwohner der benachbarten Siedlungen auf den Friedhof. Es kam auch zur Schändung durch gedankenlose Jugendbanden. Anschließend waren über 2000 Grabsteine zerstört und einige hundert – offensichtlich durch Diebstahl – verschwunden. Dann wurde die Friedhofsmauer erneuert und rechts vom Eingang ein neues Wärterhaus errichtet. Am 26. Juni 1986 wurde der Friedhof unter Teilnahme von ehemaligen Gemeindemitgliedern, die aus aller Welt angereist waren, feierlich neu geweiht.

Unmittelbar hinter dem Eingang sind zwei Gedenksteine aufgestellt. Der rechte Stein ist ein Denkmal für etwa 90 geschändete Torarollen. Sie gehörten zu einem Konvolut von einst insgesamt 583 Schriftrollen, die aus den aufgelösten jüdischen Gemeinden Preußens stammten und von den Nationalsozialisten für eine in der Synagoge Münchener Straße 37 (Schöneberg) geplante antijüdische Hetzausstellung geraubt wurden. Sie wurden dann zunächst im Israelitischen Krankenhaus in der Elsasser Straße 85 (heute: Torstraße) zwischengelagert. Der damalige Leiter der Friedhofsverwaltung, Landgerichtsdirektor a. D. Arthur Brass, und einige wenige Helfern brachten sie von dort heimlich zum Friedhof der Hauptgemeinde in Weißensee und versteckten sie in der Neuen Halle und in einem benachbarten Gebäude. Unglücklicherweise wurde im Sommer 1943 die Neue Halle durch Fliegerbomben getroffen. Ein jüdischer Lehrer sortierte die ungefähr 90 zerstörten Rollen aus. Sie wurden auf dem Friedhof von Adass-Jisroel bestattet. Die knapp 500 geretteten Torarollen konnten nach Kriegsende an verschiedene neu gegründete Synagogen in Deutschland und in anderen europäischen Ländern verteilt werden. Der linke Stein wurde anlässlich der Wiedereinweihung 1986 errichtet und erinnert auf seiner Vorderseite in hebräischer und deutscher Sprache an die von deutschen Nationalsozialisten ermordeten Gemeindemitglieder. Auf seiner Rückseite sind stellvertretend für alle Opfer einige Namen verzeichnet.

Der Friedhof ist in buchstabierte Felder (A-G) aufgeteilt, die jeweils durch Schilder angezeigt werden. Durch die beabsichtigte Gleichförmigkeit der hohen Grabsteine, die nur vereinzelt Abweichungen aufweist, wird der Friedhof die an Sepulkralkunst Interessierten nicht so sehr begeistern. Doch im Gegensatz zur äußeren Grabgestaltung sind die hebräischen Inschriften besonders abwechslungsreich und charakteristisch. Je nach Interesse empfiehlt sich daher entweder ein eher überblicksartiger Rundgang über die Hauptwege oder auch das Abgehen der engen durchnummerierten Reihen.

Die linke Ecke des Friedhofsgeländes an der Wittlicher Straße beherbergt circa 200 Gräber des zweiten Spandauer Friedhofs, der ab 1859 bestand. Im Frühjahr 1940 musste dessen Grundstück an die Wehrmacht verkauft werden, und die Toten konnten auf den Friedhof der Adass-Jisroel umgebettet werden. Sogar die Grabsteine wurden in dieser, wohl in der NS-Zeit einmaligen, Transaktion am neuen Ort wieder aufgestellt.

Auch auf dem Adass-Jisroel-Friedhof wurden zahlreiche bekannte Persönlichkeiten der Gemeinde bestattet. In der jeweils ersten Reihe der Felder liegen, leicht zu finden, unter anderem die Gräber von Esriel Hildesheimer, Prof. Dr. David Hoffmann, Hirsch Hildesheimer, Meir Hildesheimer, Salomon Winter und der Familie Schocken.

In einer Gelehrtenfamilie geboren, besuchte der spätere Rabbiner **Esriel Hildesheimer** (1820–1899) in seiner Heimat Halberstadt die jüdische Schule. Es war die erste in Deutschland, in der religiöse und weltliche Fächer zusammen unterrichtet wurden. Diese Verknüpfung zweier Bildungshorizonte blieb für Hildesheimer bestimmend. Er studierte an der Universität in Berlin semitische Sprachen, Philosophie, Geschichte und Naturwissenschaften. Nach seiner Ausbildung zum Rabbiner trat er dieses Amt im ungarischen Eisenstadt an. Der Lehrplan in der von ihm dort gegründeten *Jeschiwa* (hebräisch „Talmudschule") schloss auch die weltlichen Fächer ein. Anschließend wurde Hildesheimer von der neu gegründeten Adass-Jisroel-Gemeinde zu ihrem ersten Rabbiner berufen. Eine seiner ersten Handlungen war die Gründung des orthodoxen Rabbinerseminars. Die Studenten widmeten sich auch hier zugleich den modernen wissenschaftlichen Disziplinen; sie waren zeitgleich an der Universität eingeschrieben. An seinem Begräbnis sollen Tausende Gemeindemitglieder, Kollegen und Studenten teilgenommen haben.

Prof. Dr. **David Hoffmann** (1843–1921) war nach dem Tode von Esriel Hildesheimer Rektor des Rabbinerseminars und unterrichtete vor allem Tora und Talmud. Der in der Slowakei geborene Hoffmann war schon in Eisenstadt Schüler von Hildesheimer und galt als ebenso vielseitig gebildet. Gegen Ende seines Lebens wurde er als die führende religionsgesetzliche Autorität der orthodoxen Juden in Deutschland anerkannt. Den Professorentitel verlieh ihm die deutsche Regierung zu seinem 75. Geburtstag.

Hirsch Hildesheimer (1855–1910), der Sohn von Esriel Hildesheimer, wirkte als Dozent für jüdische Geschichte und Palästina-Geographie am Rabbinerseminar. Er hatte in Berlin und Leipzig Geschichte, Philosophie und Geographie studiert und bei Theodor Mommsen, dem Verfasser der „Römischen Geschichte", promoviert. Neben seiner Lehrtätigkeit veröffentlichte er zahlreiche geographische und religionsgesetzliche Schriften. Besonders vehement setzte er sich für die Anerkennung der rituellen Schlachtung von Tieren als die humanste Methode ein. Er war außerdem der Herausgeber der Wochenzeitschrift „Jüdische Presse". Im Jahre 1901 gehörte er zu den Gründern des „Hilfsvereins der deutschen Juden".

Der Rabbiner **Meir Hildesheimer** (1864–1934), ein weiterer Sohn von Esriel Hildesheimer, vertrat die Gemeinde in verschiedenen jüdischen Organisationen. Im Jahre 1923 gab er eine Sammlung der Schriften seines Vaters heraus.

Das Grab des 1910 verstorbenen Gemeindekantors **Salomon Winter** (Feld C, Reihe 1) ist eines von nur 11 Gräbern auf diesem Friedhof, die mit einem Eisengitter umzäunt sind.

Der expressionistische Architekt Erich Mendelsohn entwarf das Grabmal der Familie **Schocken** (Feld F, Reihe 1), bestehend aus drei Stelen, die aus weißem Muschelkalkstein gefertigt sind. Im Jahre 1901 gründete Simon Schocken (1929 gestorben) zusammen mit seinem Bruder

Salman (1877–1959), der später auch als Bibliophiler und Verlagsgründer bekannt wurde, in Zwickau ein Warenhaus, das in der Weimarer Republik zu einer erfolgreichen Warenhauskette erweitert wurde.

Der Bildhauer **Jakob Plessner** (1871–1936) wurde auf Feld D, Reihe 1, beigesetzt. Er hat zahlreiche Porträtbüsten – z. B. von Moses Mendelssohn, Oskar Tietz und dem Großen Kurfürsten – geschaffen.

Der überaus populäre Kraftakrobat und Zirkusartist **Siegmund Breitbart** (1893–1925) wurde unter großer öffentlicher Anteilnahme begraben (Feld G, Reihe 16). Der Zirkus Busch kündigte ihn als stärksten Mann der Welt an. Er verbog Eisenstangen und Hufeisen und sprengte Ketten mit bloßen Händen. Angepriesen als „Eisenkönig", machte er in amerikanischen Shows Karriere. Ein Ritz mit einem kleinen verrosteten Nagel wurde dem Riesen zum Verhängnis; er verstarb an Blutvergiftung.

FRIEDHOF HEERSTRASSE/SCHOLZPLATZ (CHARLOTTENBURG)

Heerstraße 141, Tel. 304 32 34
Öffnungszeiten: Sonntag bis Donnerstag von 7.00 bis 17.00 Uhr,
im Winter bis 16.00 Uhr; Freitag bis 15.00 Uhr.

Für die Jüdische Gemeinde im Westteil Berlins wurde im November 1955 ein neuer Friedhof am Rande des Grunewalds eingeweiht. Der Architekt Kurt Lechnitzer und der Landschaftsarchitekt Bernhard Kynast gestalteten die Begräbnisanlage. Durch ein eisernes Tor gelangt man in einen Hof, auf dem sich linker Hand die Leichenhalle und gegenüber das Verwaltungsgebäude befinden. Ein zweites Tor führt zum eigentlichen Friedhof. Bis heute zählt der Friedhof knapp 5000 Gräber. Vier Grabsteine, die vom Juden-Kiewer aus Spandau stammen, stehen auf beiden Seiten des Mittelweges. Sie wurden bei Restaurierungsarbeiten in der Spandauer Zitadelle entdeckt. Der Mittelweg führt direkt zu einem zentralen Gedenkstein, der 1960 zur Erinnerung an die in der Schoa ermordeten Juden aufgestellt wurde. Vor dem von Josef M. Lellek entworfenen Mahnmal, das aus Steinen der zerstörten Synagoge Fasanenstraße besteht, wurde Asche aus dem KZ Auschwitz begraben. Hier verläuft auch die Querachse des Friedhofs mit der Ehrenreihe, in der unter anderem Heinz Galinski – gleich zu Anfang und etwas abgesetzt, Estrongo Nachama, Jeanette Wolff und Hans Rosenthal beigesetzt wurden.

Die sozialdemokratische Politikerin **Jeanette Wolff** (1888–1976) verbrachte die ganze NS-Zeit in Gefängnissen und Konzentrationslagern. Ihre gesamte Familie wurde ermordet. Dennoch engagierte sie sich nach dem Krieg unermüdlich in der Entwicklung der Demokratie Westdeutschlands, nicht zuletzt als Bundestagsabgeordnete. In Berlin wurde sie zur Stadtverordneten und zum Mitglied des Abgeordnetenhauses gewählt. Sie war Vorsitzende der Repräsentantenversammlung und der Zentralwohlfahrtsstelle der Jüdischen Gemeinde zu Berlin (West).

Der Fernsehmoderator **Hans Rosenthal** (1925–1987) wurde besonders durch seine Quizsendung „Dalli-Dalli" in den 70er Jahren populär. Er entkam den Deportationen der NS-Zeit, indem er sich die letzten zwei Kriegsjahre in einer Lichtenberger Schrebergartenanlage versteckt hielt. Seine Eltern und sein Bruder wurden umgebracht. Nach dem Krieg fing Rosenthal beim Rundfunk an und wurde später der Leiter der Unterhaltungsabteilung des RIAS Berlin. Weiterhin engagierte er sich als Mitglied des Zentralrates der Juden in Deutschland und im Vorstand der Jüdischen Gemeinde zu Berlin. Rosenthal verfasste eine Autobiographie unter dem bezeichnenden Titel „Zwei Leben in Deutschland".

Der in Prag geborene Schauspieler **Ernst Deutsch** (1890–1969), zu seiner Zeit einer der bekanntesten Theaterschauspieler Deutschlands, liegt auf Feld WI begraben. Sein Grab ist von einer hohen Hecke eingefasst. Max Reinhardt engagierte Deutsch von 1917 bis 1921 am Deutschen Theater in Berlin. Anfang der 30er Jahre spielte er am Wiener Burgtheater. In der NS-Zeit emigrierte Deutsch über England in die USA und nach Argentinien. Im Jahre 1947 kehrte er nach Berlin (West) zurück und spielte besonders eindrücklich den Nathan und den Kaufmann Shylock von Venedig.

Das efeuumrankte Grab von **Julius Klausner** (1874–1950) liegt in Feld BII, Reihe 1. Die Schuhladenkette des Unternehmers ist in Berlin unter dem Mädchennamen seiner Ehefrau Dora Klausner, geborene Leiser (1882–1959), noch heute gut bekannt. Vor 1933 betrieb die Firma allein in Berlin 33 Filialen. Nachdem Julius Klausner 1935 für kurze Zeit inhaftiert gewesen war, wurde er gezwungen ein Viertel des Unternehmens zu verkaufen. Weitere Zwangsveräußerungen folgten 1937. Das

Ehepaar emigrierte über Holland nach Argentinien. Das nach dem Krieg an Klausner zurückübereignete Unternehmen verkaufte er wieder. Im Jahre 1950 ist Julius Klausner in Buenos Aires verstorben. Seine Frau kehrte nach Berlin zurück und veranlasste die Überführung ihres verstorbenen Gatten zum neu eröffneten Friedhof Heerstraße.

Schoa – Gedenkstätten und Mahnmale

DIE VERNICHTUNG DES JUDENTUMS IN BERLIN DURCH DIE NATIONALSOZIALISTEN

Der hebräische Ausdruck Schoa, der sich mit „Katastrophe" oder „Untergang" übersetzen lässt, steht für das, was den Juden zwischen 1933 und 1945 angetan wurde. Der planmäßig organisierte und technisierte Massenmord an Millionen unschuldiger jüdischer Mitmenschen aus allen Teilen Europas wird mit diesem Begriff, der auch von jüdischer Seite benutzt wird, sicherlich besser erfasst als mit dem häufig verwendeten Wort „holocaust". Das mit der gleichnamigen amerikanischen Fernsehserie bekannt gewordene griechische Wort bezeichnete nämlich ursprünglich ein kultisches Brandopfer, eine heilige Handlung.

Berlin war als Reichshauptstadt Sitz der Regierung sowie von Ministerien, Organisationen, Institutionen und Behörden, die an der Vertreibung, Entrechtung und Vernichtung des europäischen Judentums beteiligt waren. Skrupellose Schreibtischtäter wie Hitler, Himmler, Heydrich, Kaltenbrunner oder Eichmann befahlen und organisierten den millionenfachen Massen- und Völkermord. Die rechtsstaatliche Tarnung der schrittweisen Ausgrenzung der Juden aus der deutschen Gesellschaft, die unmittelbar auf die nationalsozialistische Machtübernahme 1933 folgte, verdeutlichen z. B. die Tafeln mit Zitaten aus antijüdischen Verordnungen, die im Bayerischen Viertel an Straßenmasten angebracht wurden. Aber auch zahlreiche Zwangsarbeiterlager, KZ-Außenstellen, Sammelstellen für zu Deportierende oder für ihren Besitz wurden an vielen Orten Berlins eingerichtet. Häufig missbrauchte man zu diesem Zweck jüdische Gemeindeeinrichtungen. Die Konzentrationslager Sachsenhausen und Ravensbrück befanden sich in der näheren Umgebung Berlins.

Im Jahre 1935 wurden die berüchtigten „Nürnberger Gesetze" erlassen. In der Folgezeit kündigten die Städtischen Wohnungsbaugesellschaften Berlins ihren jüdischen Mietern. Es wurden Parkbänke mit der

Aufschrift „Nur für Juden" aufgestellt, und an zahlreichen Geschäften, Restaurants und sogar Ortsschildern fand sich der Hinweis „Juden unerwünscht". Dieser in der Öffentlichkeit für jedermann sichtbare Ausdruck von Rassismus wurde nur während der Olympischen Spiele 1936 in Berlin für kurze Zeit wieder zurückgenommen.

Am 28. März 1938 verlor die Jüdische Gemeinde ihren Status als anerkannte, öffentliche Körperschaft und war nur noch eine private Organisation. Das Pogrom in der Nacht vom 9. zum 10. November 1938 bezeichnete einen dramatischen Wendepunkt in der Geschichte der nationalsozialistischen Verfolgungspolitik. Zahlreiche Synagogen und private Beträume brannten oder wurden demoliert. Etwa 10 000 Juden aus Berlin und anderen Orten wurden im KZ Sachsenhausen inhaftiert. Gottesdienste fanden danach nur noch in drei Synagogen (Levetzowstraße, Lützowstraße und Kaiserstraße) und einigen kleineren Betsälen statt. Nachdem die meisten Rabbiner ausgewandert waren, wirkten nur noch Leo Baeck, Felix Singerman (1942 in Riga ermordet), Martin Salomonski (1944 in Auschwitz ermordet) und Martin Riesenburger für das verbliebene Drittel an Mitgliedern der Berliner Jüdischen Gemeinde.

Am 24. Januar 1939 richtete die Gestapo die „Zentralstelle für jüdische Auswanderung" in Berlin ein. Dieses Amt diente der legalen Auswanderung von Juden. Die legale Emigration von Juden wurde am 23. Oktober 1941 verboten. Die letzten jüdischen Auswanderer verließen Berlin am 18. Oktober 1941 in einem versiegelten Zug in Richtung Marseille und Lissabon. Danach gelang es nur noch wenigen, Deutschland auf legalem Wege zu verlassen.

Mit dem Ausbruch des Zweiten Weltkrieges wurden Juden zur Zwangsarbeit verpflichtet. Am 31. Januar 1940 richtete man zu diesem Zweck in Berlin das „Arbeitsamt für Judenarbeiter" ein. Im September 1941, am Versöhnungstag, wurde Leo Baeck während seiner Predigt aufgefordert, unverzüglich zur Gestapo zu kommen, wo er erfuhr, dass die Gemeinde in der kommenden Zeit evakuiert werden würde. In der Synagoge in der Levetzowstraße wurde ein erstes Sammellager für 1000 Menschen eingerichtet, dem weitere in jüdischen Gemeindeeinrichtungen folgen sollten.

Die Deportationen aus Berlin gingen zunächst nach Riga, Minsk, Kovno, Lodz, Lublin, Theresienstadt, Auschwitz und Tallinn, später nach Bergen-Belsen, Ravensbrück und Sachsenhausen. In insgesamt 63 so genannten „Osttransporten" wurden insgesamt 35 000 Juden in die Todeslager im Osten deportiert. Von ihnen sind etwa 95 Prozent ermordet worden. In 117 so genannten „Alterstransporten" wurden etwa 15 000 hauptsächlich ältere Juden nach Theresienstadt deportiert, von denen etwa 90 Prozent nicht überlebten. Ab Frühjahr 1942 wurden nur noch Zwangsarbeiter in der Rüstungsproduktion und unabkömmliche Gemeindeangestellte von den Deportationen ausgenommen. Am 10. Juni 1943 schloss die Gestapo sämtliche jüdischen Gemeindeeinrichtungen. Sechs Tage danach wurden die so genannten „Volljuden" der Gemeindeverwaltung nach Theresienstadt deportiert.

Jüdischer Protest oder Widerstand gegen das nationalsozialistische Regime war bei der so konsequent organisierten antijüdischen Politik kaum möglich. Zu den wenigen Beispielen gehören die Aktion der kommunistischen Widerstandsgruppe um Herbert Baum gegen die Propagandaausstellung im Berliner Lustgarten und der Frauenprotest in der Rosenstraße gegen die so genannte „Fabrikaktion". Einige deutsche Bürger wie z. B. der Berliner Otto Weidt halfen, jüdische Mitmenschen vor Deportationen zu retten, allerdings viel zu wenige.

Berlin wurde am 16. Juni 1943 von den Nationalsozialisten offiziell für „judenrein" erklärt. In Wirklichkeit lebten immer noch einige Tausend jüdischer Menschen in der Stadt. Sie waren entweder im Jüdischen Krankenhaus im Wedding interniert oder arbeiteten auf dem Jüdischen Friedhof in Weißensee. Mehrere Tausend illegale, untergetauchte Juden versteckten sich oder lebten mit gefälschten Papieren in Berlin.

Zahlreiche Orte des Gedenkens in Berlin erinnern an die furchtbaren Geschehnisse dieser Zeit.

EHEMALIGE BLINDENWERKSTATT VON OTTO WEIDT

Hinterhof Rosenthaler Straße 39 (Mitte)
Öffnungszeiten: Freitag bis Sonntag von 13.00 bis 19.00 Uhr.

Im ersten Hinterhof des Hauses in der Rosenthaler Straße 39 befand sich im linken Seitenflügel in der ersten Etage die Besen- und Bürstenfabrik von **Otto Weidt** (1883–1948). Er beschäftigte jüdische Zwangsarbeiter, von denen die meisten blind oder taubstumm waren. Nach Kriegs-

Ausstellung in der ehemaligen Blindenwerkstatt von Otto Weidt

„Block der Frauen", Denkmal für den Frauenprotest in der Rosenstraße

beginn produzierte er für die Wehrmacht, und sein Betrieb wurde als kriegswichtig eingestuft.

Er hat mindestens 56 Juden geholfen, indem er sie beschäftigte, versteckte, ihnen Ausweise und Lebensmittel besorgte sowie wiederholt die Gestapo und das Arbeitsamt bestach. Im Herbst 1942 holte er sogar eine Gruppe von blinden und taubstummen Juden, die die Gestapo aus seiner Werkstatt weggebracht hatte, aus dem Sammellager in der Großen Hamburger Straße wieder zurück. Er mietete Lagerräume in der Brücken- und Großbeerenstraße und richtete dort ein Versteck für die Familien seiner Arbeiter ein. Hier wurden die meisten allerdings durch Denunziation entdeckt und ins Konzentrationslager deportiert. Insgesamt 27 Überlebende verdanken Weidt ihr Leben. Nach dem Krieg beteiligte er sich am Wiederaufbau eines Altersheims der Jüdischen Gemeinde in Pankow-Niederschönhausen.

Schon um 1947 forderte Weidt in der Öffentlichkeit, ein Mahnmal für die ermordeten Juden auf einem öffentlichen Platz in Berlin zu errichten. Er starb 1948 arm und verbittert.

Die deutsch-israelische Journalistin Inge Deutschkron hat in ihren Erinnerungen „Ich trug den gelben Stern" beschrieben, wie sie und andere Juden von Weidt gerettet wurden. Für Deutschkron besorgte Weidt das Arbeitsbuch einer Prostituierten, um sie in seinem Werkstattbüro beschäftigen zu können. Aus der Buchvorlage entstand das Stück „Ab heute heißt du Sara", das vom Berliner Grips-Theater uraufgeführt wurde.

Ein Ehrengrab für Weidt wurde erst 1994 auf dem Städtischen Friedhof an der Onkel-Tom-Straße in Zehlendorf eingerichtet. Die von Studenten organisierte Ausstellung „Blindes Vertrauen" in den Räumen der Werkstatt, fand soviel Anklang, dass sie dauerhaft erhalten werden soll. Vorübergehend hat die Berliner Dependance des Anne-Frank-Zentrums die kommissarische Leitung übernommen. In Zukunft wird die Ausstellung eventuell vom Jüdischen Museum betreut werden. Seit September 1999 erinnert eine in den Boden der Tordurchfahrt eingelassene Gedenktafel an Weidt und seine Rettungstat.

CARL-HERZ-DENKMAL

Yorckstraße 4–11 (Kreuzberg)

Seit 1985 erinnert eine Bronzeskulptur vor dem Bezirksrathaus von Kreuzberg an **Carl Herz** (1877–1951). Die von dem Bildhauer **Joachim Dunkel** geschaffene Skulptur besteht aus einer Porträtbüste, die auf einem zylindrischen Sockel ruht. Auf dem Sockel sind in Schreibschrift der Name von Herz, seine Lebensdaten, die Geschichte seiner Vertreibung und ein Zitat von ihm eingraviert.

Der Sozialdemokrat und promovierte Jurist Herz wurde im Jahre 1926 für zwölf Jahre zum Bezirksbürgermeister von Kreuzberg berufen. Schon kurz nach der nationalsozialistischen Machtübernahme, am 10. März 1933, stürmten SA-Männer sein Büro und schleppten ihn brutal nach draußen. Sie hängten ihm ein Schild um den Hals, auf dem „Ich bin ein Judenschwein" stand. Dann zwangen sie ihn zum Hitlergruß. Anschließend hetzten sie ihn bis zum Marheinekeplatz, wo er von einem mutig eingreifenden Polizisten durch Schutzhaft gerettet wurde. Obwohl Herz auf so demütigende Weise aus seinem Amt geworfen worden war, blieben er und seine Ehefrau noch bis 1939 in Deutschland. Sie emigrierten dann nach London und gingen nach dem Krieg, im Jahre 1947, nach Palästina. Carl Herz ist am 14. September 1951 in der israelischen Hafenstadt Haifa gestorben. Sein Sohn geriet im holländischen Exil in die Fänge der SS, die ihn nach Auschwitz deportierte.

Das eingravierte Zitat von Herz stammt aus seinem Todesjahr und lautet: „Die überaus große organisatorische, wirtschaftliche und wissenschaftliche Kraft des deutschen Volkes muss nicht der Vernichtung der Welt, sondern ihrer Verschönerung dienstbar gemacht werden."

DENKMAL FÜR DEN FRAUENPROTEST IN DER ROSENSTRASSE „BLOCK DER FRAUEN"

Rosenstraße 2–4 (Mitte)

Die massiven, rötlichen Sandsteine mit figürlichen Darstellungen und jüdischen Symbolen stammen von der Bildhauerin **Ingeborg Hunzin-**

ger, die selbst jüdischer Herkunft ist. Vom Magistrat in Ost-Berlin hatte sie 1988 den Auftrag für ein Denkmal des antifaschistischen Widerstandes bekommen. Sie wählte den erfolgreichen Protest von Ehefrauen gegen die so genannte „Fabrikaktion" aus. Das Denkmal, das nach der Wiedervereinigung auch ohne Auftrag vom Senat übernommen wurde, sollte eigentlich schon 1993, am 50. Jahrestag des Ereignisses, aufgestellt werden. Doch das Bezirksamt Mitte konnte hierfür kein Geld aufbringen, so dass es erst am 18. Oktober 1995 eingeweiht werden konnte.

Anfang 1943 lebten in Berlin noch etwa 27 000 Juden. Es handelte sich um Zwangsarbeiter in kriegswichtigen Betrieben, die zum Teil in so genannten „Mischehen" lebten. Darunter verstand die NS-Rassengesetzgebung Ehen zwischen Juden und so genannten „Ariern". Die SS verhaftete am 27. Februar 1943 circa 7000 Juden an ihren Arbeitsplätzen, um sie nach Auschwitz zu deportieren. Man internierte die Männer, die in so genannten „privilegierten Ehen" lebten, zunächst vor allem im ehemaligen Wohlfahrtsamt der Jüdischen Gemeinde in der Rosenstraße 2–4. Neben den Sammellagern in der Synagoge in der Levetzowstraße 7–8 und in dem Altersheim in der Großen Hamburger Straße 26 wurde auch diese Einrichtung als „Hilfsauffanglager" missbraucht.

Vom 28. Februar bis zum 11. März protestierten einige hundert Ehefrauen und Mütter, aber auch Verwandte und Passanten in der Rosenstraße für die Freilassung der inhaftierten Familienangehörigen. Sie handelten, ohne politisch organisiert zu sein, aus reiner Verzweiflung, spontan und gewaltfrei. Am 4. März wurden Maschinengewehre in Anschlag gebracht, und man drohte, die illegalen Demonstranten mit Schüssen auseinander zu treiben. Durch den schweren alliierten Luftangriff auf Berlin in der Nacht vom 1. zum 2. März und die starken Verluste an der Ostfront drohte die allgemeine Stimmung der Berliner Bevölkerung gegen die nationalsozialistische Führung zu kippen. Um nicht noch Öl aufs Feuer zu gießen, befahl Goebbels die Freilassung der Inhaftierten, selbst von den 25 bereits nach Auschwitz deportierten. Er schrieb in sein Tagebuch, dass „die Judenevakuierung nicht ausgerechnet in so einer kritischen Zeit fortzusetzen" sei, sondern einige Wochen später erneut durchgeführt werden solle, „dann können wir es um so gründlicher tun".

Viele der befreiten Juden konnten sich noch retten, indem sie sich falsche Pässe besorgten oder in Verstecken untertauchten. Dieser Erfolg gegen die Deportation und geplante Vernichtung allein durch zivilen Ungehorsam war in seiner Dimension einzigartig für die NS-Zeit in Deutschland.

An beiden Seiten der Rasenfläche zur Rosenstraße wurden zwei Litfaßsäulen aufgestellt, die an die Ereignisse dieses Ortes erinnern. Die Idee stammt von Studenten der Fachhochschule für Sozialarbeit und -pädagogik, die bereits 1992 eine Säule aufstellten, sie wegen der hohen Standmiete jedoch bald wieder abbauen mussten. Seit Anfang 1993 stehen hier nun die heutigen Litfaßsäulen.

DENKMAL FÜR DIE ERMORDETEN BERLINER JUDEN „DER VERLASSENE RAUM"

Koppenplatz (Mitte)

In der dicht bebauten Spandauer Vorstadt laden nur wenige Grünflächen Kinder zum Spielen und Anwohner oder Touristen zum Luftholen ein. Eine davon befindet sich am Koppenplatz, am Ende der Großen Hamburger Straße, Ecke Linienstraße. Neben einem Spielplatz sind einige Parkbänke im Karree aufgestellt. In der Mitte erblickt man – in Originalgröße – einen bronzenen Parkettfußboden, auf dem ein Tisch und zwei Stühle stehen. Einer der beiden Stühle ist umgerissen, so als wäre jemand erschrocken von ihm aufgesprungen. Sonst sind keine menschlichen Figuren oder weiteren Gegenstände zu sehen. Dieses unmittelbar beeindruckende Denkmal trägt den Titel „Der verlassene Raum" und erinnert an die ermordeten Berliner Juden. Zum 50. Jahrestag des Novemberpogroms, im Jahre 1988, schrieb der Ost-Berliner Magistrat einen Wettbewerb aus für eine Stätte zum Gedenken an die Berliner Juden. Der ausgewählte Entwurf, von **Carl Biedermann** und **Eva Butzmann** eingereicht, wurde jedoch erst 1996 realisiert. Die Inschrift, die um den Fußboden des Denkmals verläuft, stammt aus einem Gedicht der Literaturnobelpreisträgerin Nelly Sachs.

DENKMAL FÜR DIE ERMORDETEN JUDEN EUROPAS

Ebertstraße (Tiergarten)

In der Bürgerinitiative PERSPEKTIVE BERLIN e. V. entstand im Jahre 1988 die Idee, ein zentrales „Denkmal für die ermordeten Juden Europas" anzuregen. Die Journalistin Lea Rosh und der Historiker Eberhard Jäckel gründeten zu diesem Zweck einen Förderkreis. In den Jahren 1994/95 schrieben der Bund, das Land Berlin und der Förderkreis einen Wettbewerb aus. Ein bundeseigenes Areal auf dem ehemaligen Mauerstreifen in unmittelbarer Nähe zum Brandenburger Tor wurde für das geplante Mahnmal zur Verfügung gestellt. Über 500 Architekten und Künstler beteiligten sich an dem Wettbewerb. Der Siegerentwurf, eine fußballfeldgroße Platte mit Platz für die Namen von sechs Millionen ermordeten Juden, wurde nicht realisiert, da der damalige Bundeskanzler, Helmut Kohl, sein Veto dagegen aussprach.

In einem zweiten Wettbewerb erhielt im Oktober 1997 der gemeinsame Entwurf von dem New Yorker Architekten **Peter Eisenman** und dem amerikanischen Bildhauer Richard Serra den ersten Preis. Er sah ein Feld von 4000 Betonstelen vor. Nach heftiger Kritik und dem Vorwurf der Monstrosität, schied Serra, verärgert über die Reaktionen, aus dem Projekt aus, und Eisenman überarbeitete den Entwurf. Dabei reduzierte er die Anzahl der Stelen auf etwa 2700 Betonsäulen.

In der öffentlichen Diskussion um das Mahnmal wurden ganz unterschiedliche Stimmen laut. Bundeskanzler Gerhard Schröder wünschte sich z. B. ein Mahnmal, zu dem man gern hingeht. Kritiker bezeichneten das Ganze zynisch als Kranzabwurfstelle, an der Politiker in ihren Limousinen vorfahren, um medienwirksam Trauer zu bekunden. Auch gab es die Überlegung, ob andere Opfergruppen nationalsozialistischer Verbrechen – wie Sinti und Roma oder Homosexuelle – nun ebenfalls Anspruch auf ein eigenes zentrales Mahnmal in der neuen deutschen Hauptstadt anmelden könnten. Wiederholt hat der Regierende Bürgermeister von Berlin, Eberhard Diepgen, seine ablehnende Haltung gegen den Eisenman-Entwurf und den geplanten Standort am Brandenburger Tor formuliert. Andere wünschten sich eine weitere Verringerung der Anzahl der Stelen, woraufhin Eisenman sich bereit erklärte, sie auf 1500 zu reduzieren.

„Der verlassene Raum", Denkmal für die ermordeten Berliner Juden

„Gleis 17", Mahnmal am Bahnhof Grunewald

Kulturstaatsminister Michael Naumann schlug vor, Eisenmans Entwurf um ein „Haus des Erinnerns" zu erweitern. Hierin sollten ein Dokumentationszentrum mit Bibliothek und ein Genozid-Forschungsinstitut untergebracht werden. Hinter diesem Vorschlag könnte das durchaus berechtigte Bedenken stehen, der Eisenman-Entwurf entbehre nicht einer gewissen Beliebigkeit der Interpretation. Allerdings finden sich in Berlin mit der Topographie des Terrors, der Gedenkstätte Haus der Wannseekonferenz und dem Zentrum für Antisemitismusforschung an der Technischen Universität bereits dem vorgeschlagenen Dokumentationszentrum vergleichbare Einrichtungen.

Die Entscheidung des Deutschen Bundestages fiel am 25. Juni 1999; mit 314 Ja-Stimmen entschied man sich für den Entwurf von Eisenman mit der Ergänzung um einen „Ort der Information". Der alternative Vorschlag des Theologen und SPD-Politikers Richard Schröder, eine Säule zu errichten, auf der in hebräischer Sprache das biblische Gebot „Du sollst nicht morden!" geschrieben steht, fand dagegen keine Mehrheit. Ebenfalls wurde beschlossen, dieses Mahnmal nur den ermordeten Juden Europas und nicht generell allen Opfern des Nationalsozialismus zu widmen.

Das öffentlich ausgestellte Modell des Mahnmals weckt Assoziationen von einem jüdischen Friedhof, wogegen Eisenman selbst von einem wogenden Getreidefeld spricht. Die quaderförmigen Stelen sollen bis zu vier Meter hoch sein und auf einem gleichmäßigen Raster, im Abstand von jeweils immer knapp einem Meter, verteilt werden. Das Gelände des begehbaren Mahnmals senkt sich zur Mitte hin, so dass man gleichsam zwischen den Stelen eintaucht. Ihre Oberfläche soll versiegelt werden, um befürchtete rechtsradikale Graffiti leicht entfernen zu können. Insgesamt wird intensiv über den Sicherheitsaspekt des großflächigen Mahnmals diskutiert: Wie soll das Gelände überwacht werden und wer soll das finanzieren?

Eine symbolische Grundsteinlegung erfolgte im feierlichen Rahmen am 27. Januar 2000, dem deutschen Gedenktag des Holocaust. Eigentlicher Baubeginn wird allerdings erst im Sommer 2001 sein. Die Baukosten wurden ursprünglich auf 15 Millionen Mark beziffert und müssen wegen der Ergänzung um ein Dokumentationszentrum nun erheblich aufgestockt werden. Die immensen Kosten werden, wie vereinbart, paritätisch aufgeteilt zwischen den drei Auslobern des Wettbewerbs. Der

Förderkreis allerdings sieht sich außerstande, mehr als die einst veranschlagten fünf Millionen Mark aufzubringen. Er hat unlängst eine eigene Internet-Homepage eingerichtet, auf der unter anderem zu Spenden aufgerufen wird (Adresse: www.holocaust-denkmal-berlin.de). Eine neu gegründete Stiftung hat die Trägerschaft für das Mahnmal übernommen. Mit der Fertigstellung der gesamten Anlage wird derzeit frühestens im Jahre 2003 oder gar erst 2004 gerechnet.

DEPORTATIONS-MAHNMAL PUTLITZBRÜCKE (TIERGARTEN)

Über die Gleisanlagen am Güterbahnhof Moabit führt die Putlitzbrücke. Von diesem Bahnhof wurden zwischen 1941 und 1944 zahlreiche Berliner Juden in Viehwaggons in die Vernichtungslager im Osten deportiert. Eine 1987 von dem Bildhauer **Volkmar Haase** geschaffene Skulptur ist als Mahnmal am Geländer der Brücke angebracht. Eine abgeknickte längliche Platte ragt über das Geländer hinweg und symbolisiert den Weg, der zum Bahnhof und von dort in den Tod führte. Am oberen Ende sind sinnfällig abgebrochene Treppenstufen zu sehen. Eine zweite etwa halb so lange Platte neigt sich dem Betrachter zu. Sie wird von einem Davidstern gekrönt. Ein knapper Text zur Geschichte dieses Ortes ist auf einer unter dem Stern angebrachten Tafel zu lesen.

Das Mahnmal wurde wiederholt von Rechtsradikalen geschändet. Zwischen 1989 und 1991 wurden hier insgesamt dreimal Schweinekopfhälften gefunden. In der Nacht zum 20. April 1992, dem Geburtstag von Adolf Hitler, beschmutzte ein später gefasster Mann das Mahnmal mit Fäkalien. Am 29. August des gleichen Jahres wurde ein Sprengstoffanschlag auf das Mahnmal verübt, der es schwer beschädigt hinterließ.

Inzwischen ist es wieder hergerichtet, und eine kleine Tafel am Brückengeländer informiert über den letztgenannten Anschlag.

DEPORTATIONS-MAHNMAL S-BAHNHOF GRUNEWALD UND GLEIS 17

Am Bahnhof Grunewald (Wilmersdorf)

Vom Güterbahnhof Grunewald wurden von 1941 bis 1945 die meisten Berliner Juden deportiert. Insgesamt 35 000 Menschen wurden hier wie Vieh verschickt. Eine 18 Meter lange und bis zu drei Meter hohe Betonwand, die der Bildhauer **Karol Bronitowski** im Jahre 1991 gestaltet hat, erinnert an dieses Geschehen. Die Wand ist teilweise geborsten, und ihre Oberfläche wird von Rissen durchfurcht. Tiefe Eindrücke menschenähnlicher Umrisse sind unregelmäßig in die Mauer eingelassen. Eine Inschrift auf einer Stele informiert über die Deportationen.

Ein zweites, von **Nikolaus Hirsch**, **Wolfgang Lorch** und **Andrea Wandel** gestaltetes, Mahnmal mit dem Titel „Gleis 17" wurde ganz in der Nähe 1998 eingeweiht. Auf beiden Seiten eines Bahngleises stehen Stahlplatten, die teilweise durchbrochen sind. Texte informieren über die Anzahl der deportierten Juden, das Datum der jeweiligen „Transporte" und die Zielorte, das heißt die Vernichtungs- und Konzentrationslager.

GEDENKSTÄTTE HAUS DER WANNSEEKONFERENZ

Am Großen Wannsee 56–58 (Zehlendorf), Tel. 805 00 10
Öffnungszeiten: Montag bis Freitag von 10.00 bis 18.00 Uhr; Samstag und Sonntag von 14.00 bis 18.00 Uhr.

In einer der schönsten und teuersten Wohngegenden Berlins, am Großen Wannsee, idyllisch im Grünen gelegen, befindet sich ein Ort, mit dem der größte Völkermord der Menschheitsgeschichte assoziiert wird. Am 20. Januar 1942 tagte in der mondänen Villa Minoux die berüchtigte Wannseekonferenz. An ihr nahmen Staatssekretäre aus verschiedenen Reichsministerien und SS-Führer im Generals- und Offiziersrang teil, um Einzelheiten der so genannten „Endlösung der Judenfrage" zu besprechen. Den Vorsitz hatte der SS-Obergruppenführer Reinhard Heydrich, der Chef der Sicherheitspolizei und des SD. Das Besprechungsprotokoll wurde nach dem Krieg im Jahre 1947 von US-amerikanischen

Fahndern unter den zurückgebliebenen Aktenbergen des Auswärtigen Amtes entdeckt. Es wurde von Adolf Eichmann, dem Leiter des Judenreferats, geführt. Als die Wannseekonferenz tagte, war die Massenvernichtung von Juden bereits in vollem Gange. Auf ihr wurde also nicht, wie oft fälschlicherweise angenommen, die „Endlösung" überhaupt erst beschlossen, vielmehr wurden organisatorische und technologische Details der Deportationen und Tötungspraktiken abgestimmt, und man weitete den Kreis der Informierten und Verantwortlichen aus. Diese unmenschliche Bürokratie der Schreibtischtäter wurde von Hannah Arendt in ihrem Buch „Eichmann in Jerusalem" als „Banalität des Bösen" charakterisiert.

Im Jahre 1992, 50 Jahre nach der Wannseekonferenz, wurde die Gedenkstätte eröffnet. In über zehn Räumen ist die Dauerausstellung untergebracht. In ihr wird die Geschichte von Ausgrenzung, Vertreibung, Verfolgung, Deportation und Vernichtung zunächst der deutschen und anschließend der Juden anderer europäischer Länder dokumentiert. Das Haus beherbergt weiterhin eine Bildungsstätte, die z. B. von Schulklassen genutzt werden kann, ein Archiv, eine Bibliothek und eine Mediothek.

GEDENKSTEIN JÜDISCHES ALTERSHEIM UND SKULPTURENGRUPPE

Große Hamburger Straße 26 (Mitte)

Der schlichte, quaderförmige Gedenkstein in der Hamburger Straße erinnert an das ehemalige Jüdische Altersheim, in dem die Gestapo im Jahre 1942 ein Sammellager für die zur Deportation vorgesehenen Berliner Juden einrichtete. Seit 1996 werden hier am Holocaust-Gedenktag die Namen der 55 696 Berliner Juden, die in der NS-Zeit ermordet wurden, öffentlich verlesen. Die rechts vom Gedenkstein etwas versteckt aufgestellte Skulpturengruppe, im Jahre 1957 entworfen von dem Bildhauer **Will Lammert** (1892–1957), war ursprünglich für das Frauenkonzentrationslager Ravensbrück bestimmt. Die Frauen- und Mädchenfiguren stellen nur die Modellfassung für die nicht realisierte Arbeit dar. Gedankenlos widmeten die ostdeutschen Auftraggeber die weiblichen Figurinen allgemein den Opfern des Faschismus, ohne überhaupt nur zu versuchen, einen Bezug zum Altersheim und den von hier deportierten Juden herzustellen.

INSTALLATION „THE MISSING HOUSE"

Große Hamburger Straße 15 / 16 (Mitte)

Das Kunstwerk beeindruckt durch seine einfache und geniale Idee. Einem inzwischen sanierten neobarocken Wohnhausensemble aus dem Jahre 1911 fehlt in der Mitte das weit nach hinten zurückgesetzte Vorderhaus, da es im Frühjahr 1945 zerbombt und nicht wieder aufgebaut wurde. An den grau verputzten Seitenwänden, an denen durch etwas vorspringende Kanten noch die früheren Stockwerke und Zimmereinteilungen zu erkennen sind, wurden zwölf überdimensionale, weiße Schilder, schwarz umrandet, mit den Namen, Berufen und Wohndaten der einstigen Bewohner angebracht. Die Namen verweisen auf die unterschiedliche Herkunft der Menschen. Zu der bunt gemischten Mietergemeinschaft zählten unter anderem der Beamte Schnapp und der Kaufmann Jacoby, beide jüdischer Herkunft. Aber auch französische Namen, die möglicherweise auf die aufgenommenen Hugenotten zurückgehen, sind zu lesen.

Die Installation des französischen Künstlers **Christian Boltanski** mit dem Titel „The Missing House" entstand 1990 im Rahmen eines Ost-West-Ausstellungsprojektes und sollte ursprünglich nur temporär sein. Das positive Echo von Kritik und Publikum ermöglichte den dauerhaften Verbleib. Heiner Müller gab dem von ihm gemeinsam mit Rebecca Horn und Jannis Kounellis angeregten Gesamtprojekt den Titel „Die Endlichkeit der Freiheit". Der 1944 geborene Boltanski verwirklichte mit „The Missing House" seine erste Außenarbeit. Zugleich entstand mit seiner Installation „The Museum" am Lehrter Bahnhof das westliche Pendant.

An dieser Stelle befand sich das erste
Altenheim der Jüdischen Gemeinde Berlin.
1942 verwandelte die Gestapo es in ein
Sammellager für jüdische Bürger.
55000 Berliner Juden vom Säugling bis
zum Greis wurden in die KZ-Lager
Auschwitz und Theresienstadt verschleppt
und bestialisch ermordet.
VERGESST DAS NIE
WEHRET DEM KRIEG
HÜTET DEN FRIEDEN

Gedenkstein Jüdisches Altersheim

Spiegelwand für die jüdischen Bürger von Steglitz

INSTALLATION FÜR DAS KZ-AUSSENLAGER SONNENALLEE

Sonnenallee 181–189 (Neukölln)

Die Sonnenallee in Berlin ist unlängst mit dem erheiternden gleichnamigen Roman von Thomas Brussig und der erfolgreichen Verfilmung desselben durch Leander Haußmann bundesweit bekannt geworden. Doch diese Straße ist auch ein Ort des Schreckens gewesen. Hier befand sich in den Jahren 1942 bis 1944 ein Zwangsarbeiterlager, in dem mehrere hundert Frauen Munition für die deutsche Rüstungsindustrie herstellen mussten. Nachdem das Lager im Jahre 1944 aufgelöst wurde, wurde an gleicher Stelle ein Außenlager vom KZ Sachsenhausen angelegt. In den letzten beiden Kriegsjahren waren hier über 500 polnische Jüdinnen interniert.

Der Künstler Norbert Rademacher entwarf im Jahre 1994 eine Installation, bei der, sobald ein Fußgänger bei Dunkelheit die Stelle passiert, ein Text auf den Fußweg projiziert wird. Dieser informiert über das Zwangsabeiterlager und die KZ-Außenstelle.

MAHNORT EHEMALIGES „JUDENREFERAT" VON ADOLF EICHMANN

Kurfürstenstraße 115/116 (Tiergarten)

Dort, wo heute das Hotel „Sylter Hof" steht, befand sich einst ein Vereins- und Wohnhaus des jüdischen Brüdervereins. Im Jahre 1939 zog dann das berüchtigte „Judenreferat" IV B 4, das von Adolf Eichmann geleitet wurde, hier ein. Dieses Büro war eine Außenstelle des Reichssicherheitshauptamtes in der Prinz-Albrecht-Straße 8. Von der Kurfürstenstraße aus organisierte Eichmann die Deportation der Juden in die Vernichtungs- und Konzentrationslager. Auf zwei Schautafeln an einer Bushaltestelle informieren Photographien und Texte über die Geschichte dieses Ortes und die Biographie Eichmanns. Eichmann wurde 1962, nachdem er in Argentinien aufgespürt und in Jerusalem verurteilt worden war, hingerichtet.

ORTE DES ERINNERNS IM BAYERISCHEN VIERTEL (SCHÖNEBERG)

Im Volksmund hieß die Gegend um den Bayerischen Platz aufgrund ihres hohen Anteils an jüdischen Bewohnern die jüdische Schweiz. Etwa 6000 Juden wurden allein aus diesem Viertel deportiert. Die originelle Installation von **Renata Stih** und **Frieder Schnock**, in einem Wettbewerb ausgesucht und im Juni 1993 umgesetzt, ist ein gelungenes Beispiel für die Veranschaulichung der Alltagsdimension von der nationalsozialistischen Ausgrenzungs- und Vernichtungspolitik gegenüber den jüdischen Mitbürgern. An Straßenmasten sind insgesamt 80 weiße Schilder angebracht. Auf der einen Seite zeigen sie prägnante Zitate aus antijüdischen Verordnungen und Gesetzen der Nationalsozialisten sowie Tagebuchaufzeichnungen mit den entsprechenden Daten der Verfügungen beziehungsweise der persönlichen Eintragungen. Auf der Rückseite illustrieren Piktogramme, ähnlich denen auf Bahnhöfen und Flugplätzen, den Text. Die kommentarlosen, kurzen Sätze verlautbaren z. B. „Juden werden aus Sport- und Turnvereinen ausgeschlossen" (vom 25. April 1933).

Die Schilder waren gerade angebracht, als besorgte Bürger Anzeige wegen vermeintlicher antisemitischer Provokation erhoben. Der für derartige Delikte zuständige Staatsschutz wurde eingeschaltet und ließ die Installation entfernen. Übergeordnete Instanzen genehmigten schließlich das erneute Anbringen der Schilder, die soviel Verwirrung gestiftet hatten. Zur Erläuterung wurde zusätzlich eine kleine Tafel unterhalb der Schilder angebracht, wo auf den Denkmalscharakter hingewiesen wird. Zusätzlich gibt es zwei Übersichtskarten mit den Standorten der einzelnen Schilder, eine auf dem Bayerischen Platz und die andere rechts vor dem Hauptportal des Schöneberger Rathauses.

SPIEGELWAND FÜR DIE JÜDISCHEN BÜRGER VON STEGLITZ
Hermann-Ehlers-Platz (Steglitz)

Der Hermann-Ehlers-Platz liegt im quirligen Zentrum von Steglitz. Hier treffen die Stadtautobahn, die beliebte Einkaufsmeile der Schlossstraße sowie die U- und S-Bahntrassen aufeinander. Der Steglitzer Kreisel, eine

Bausünde der 70er Jahre, beherbergt am Platz heute das Rathaus von Steglitz. Die viel kritisierte Architektin Sigrid Kressmann-Schach plante das überdimensionierte Hochhaus und erhielt auf Umwegen auch die behördlichen Baugenehmigungen für das gigantische Steuerabschreibungsobjekt. Es gab einen großen Skandal in der Stadt, schließlich auch eine Pleite der Baufirma und reichlich Leerstand im Riesenbau. Auf dem Platz gegenüber findet buntes Treiben auf dem Wochenmarkt statt.

Versteckt hinter dem Trubel und von den meisten Passanten unbemerkt, steht die Spiegelwand, die an das Schicksal der jüdischen Bewohner von Steglitz erinnert. Sie ist nach Entwürfen von **Wolfgang Göschel**, **Joachim von Rosenberg** und **Hans-Norbert Burkert** entstanden. Auf 18 Spiegeln aus poliertem Chromstahl, die zusammen eine Fläche von zwölf Metern Breite und knapp vier Metern Höhe ergeben, wurden die Namen und Anschriften von 1723 deportierten Juden aus Steglitz eingraviert. Das Marktgeschehen, die vorüberlaufenden Passanten und der Betrachter werden gespiegelt. Die Namen der Toten verschmelzen mit den Gesichtern der Lebenden. Weiterhin sind ausführliche Texte zu den Deportationen sowie eingeätzte Photographien von Berliner Synagogen zu sehen.

Der Aufstellung dieser Gedenkwand gingen jahrelange Proteste von Bürgerinitiativen und Streitereien von Bezirkspolitikern voraus, die in den Medien ein breites Echo fanden. Schließlich übernahm der Berliner Senat die Verantwortung für die Errichtung des Mahnmals. Besonders die jüdische Initiative mit dem Namen **Meshulash** (hebräisch „Dreieck") setzte sich engagiert für die Spiegelwand ein. Diese Gruppe existiert nunmehr seit 1994 und besteht vor allem aus jüdischen Wahlberlinern. *Meshulash* nimmt künstlerisch und politisch Stellung zur deutschen Gedenkpolitik. Die Mitglieder organisierten auch die Ausstellung „DAVKA. Jüdisches Leben in Berlin – Traditionen und Visionen", die Ende 1998 im Gebäude des ehemaligen Kinderheims *Ahawah* in der Auguststraße (Mitte) stattfand. Sie widmen sich ebenfalls politischen Themen – so bisher z. B. der Änderung des Asylgesetzes und der Einweihung der Neuen Wache.

Eine kleine **Privatsynagoge** befand sich unweit der Spiegelwand im Hinterhof der Düppelstraße 41. Der Unternehmer Moses Wolfenstein ließ sie im Jahre 1897 errichten. Fast 20 Jahre zuvor, am 14. April 1878, gründete er zusammen mit 14 weiteren Steglitzer Juden den „Religionsverein zur Wahrnehmung der Interessen der in Steglitz und Umgebung wohnenden Juden". Die Gottesdienste der schnell anwachsenden Gemeinde erfolgten nach dem konservativen Ritus. Im Novemberpogrom von 1938 wurde die Synagoge zwar geplündert, doch wegen einer benachbarten Tischlerei nicht abgebrannt. An der Stelle des inzwischen abgerissenen ehemaligen Vorderhauses steht heute ein Bürohaus. Nur noch ein restaurierter Fries mit zwei Löwen, die die beiden Bundestafeln mit den zehn Geboten halten, und ein Davidstern erinnern am einstigen Eingangsportal im Hinterhof an die ehemalige Synagoge.

TOPOGRAPHIE DES TERRORS

Stresemannstraße 110 (Kreuzberg), Tel. 25 48 67 03
Öffnungszeiten: täglich von 10.00 bis 18.00 Uhr.

Die Stiftung Topographie des Terrors wurde 1992 gegründet, um an einem authentischen Ort der NS-Verbrechen die Geschehnisse zu dokumentieren und zugleich auch durch anschauliche Aufklärung den demokratischen Konsens der bundesrepublikanischen Gesellschaft zu sichern. Auf dem Gelände zwischen Niederkirchnerstraße (ehemalige Prinz-Albrecht-Straße), Wilhelmstraße und Anhalter Straße befanden sich in der NS-Zeit die wichtigsten Einrichtungen des Terrorapparates. Hier waren das Geheime Staatspolizeiamt, der Sitz der Reichsführung SS, der Sicherheitsdienst der SS und ab 1939 auch das Reichssicherheitshauptamt untergebracht. Die Verantwortlichen der NS-Massenverbrechen, wie Himmler, Heydrich und Kaltenbrunner, hatten hier ihre Büroräume. Und die Gestapo hatte hier ein Untersuchungsgefängnis für besonders wichtige Häftlinge eingerichtet. Die im Zweiten Weltkrieg stark zerstörten Gebäude wurden in der Nachkriegszeit abgerissen, das Gelände wurde fremd genutzt. Erst 1987 entschied man, eine provisorische Ausstellungshalle zu errichten, in der die Geschichte dieses Ortes dargestellt werden sollte. Frühestens Ende 2001 soll ein Neubau des Schweizer Architekten **Peter Zumthor** fertig gestellt sein, der zahlreiche Ausstellungen und Infomationsangebote enthalten wird. In der großen Halle des neuen Gebäudes wird die Dauerausstellung I zu SS und Polizei untergebracht sein. In den Kellerräumen soll eine zweite Dauerausstellung die Geschichte des Gestapo-Gefängnisses zeigen. Weiterhin sind jährlich zwei- bis dreimal wechselnde Ausstellungen geplant. Eine umfangreiche Fachbibliothek zum Thema Nationalsozialismus mit speziellen Datenbanken wird im ersten Obergeschoss eingerichtet. Bis zur Fertigstellung des neuen Gebäudes kann man in den frei gelegten Kellerräumen entlang der Niederkirchnerstraße die bisherige Fassung der Ausstellung sehen.

TREBLINKA

Amtsgerichtsplatz (Charlottenburg)

Vor dem Haupteingang des Amtsgerichtes Charlottenburg steht eine kleine Bronzeskulptur zum Gedenken an die 900 000 Menschen, die im Massenvernichtungslager Treblinka ermordet wurden. Das Mahnmal wurde von dem Bildhauer **Vadim Sidur** schon 1966 geschaffen, aber erst 1979 aufgestellt. Die Skulptur besteht aus einigen menschenähnlichen Figuren, die übereinander liegen. Die abgerundeten Körper lassen ihre Gliedmaßen und Köpfe leblos herunterhängen. Eine kleine Tafel mit der Inschrift „Treblinka" sowie dem Namen des Künstlers in lateinischen und kyrillischen Buchstaben ist davor in den gepflasterten Fußweg eingelassen.

Museen und Ausstellungen

WAS IST JÜDISCHE KUNST?

Die Auswahl der Exponate und die Entwicklung eines Konzepts für ein jüdisches Museum oder eine jüdische Ausstellung sind an sich schon schwierig genug; zuvor stellt sich jedoch immer noch die Frage, was überhaupt jüdische Kunst ist. Handelt es sich dabei um Kunst von jüdischen Künstlern, unabhängig davon, in welchem Stil sie gearbeitet oder welches Sujet sie gewählt haben? Oder bezeichnet der Begriff eher jüdische Kultgegenstände, Darstellungen jüdischer Motive und Synagogen, unabhängig davon, ob sie von jüdischen oder nichtjüdischen Künstlern beziehungsweise Architekten geschaffen sind? Was soll also ausgestellt werden?

Dass auf diese Frage durchaus unterschiedliche Antworten gefunden werden können, zeigt der Vergleich von dem ehemaligen Jüdischen Museum in der Oranienburger Straße und dem neuen Jüdischen Museum in der Lindenstraße, dem Libeskind-Bau. In der Vorgängereinrichtung wurden vor allem Zeugnisse jüdischer Kunst und Altertümer ausgestellt. Dagegen sollen im Neubau nicht mehr allein Kunstobjekte gezeigt, sondern mit Hilfe modernster Technik auch exemplarische Geschichten aus dem vielschichtigen Leben von Juden „erzählt" werden. Die Exponate werden bei diesem narrativen Konzept nicht mehr allein nach ihrem künstlerischen Wert ausgewählt, sondern können ebenso scheinbar banale Zeugnisse des Alltags wie z. B. Ausreisepapiere oder die Koffer der Emigranten einschließen. Die Frage nach dem Wesen einer jüdischen Kunst bleibt schwer zu beantworten.

EHEMALIGES JÜDISCHES MUSEUM

Oranienburger Straße 31 (Mitte)

Als im Jahre 1906 in London eine Ausstellung jüdischer Kunst und Altertümer gezeigt wurde, entschloss sich der Berliner „Verein zur Förderung jüdischer Kunst" unter seinem Vorsitzenden, dem bekannten Schauspieler Rudolf Schildkraut, zu einer vergleichbaren Aktion. Die „Ausstellung jüdischer Künstler" fand 1908 – als erste ihrer Art in Berlin – in der „Galerie für alte und neue Kunst" in der Wilhelmstraße 45 statt.

Der Dresdener Juwelier **Albert Wolf** (1841–1907) vermachte seine umfangreiche Sammlung von Judaica bereits 1905 der Jüdischen Gemeinde Berlin. Doch erst am 18. Februar 1917 konnte die „Kunstsammlung der jüdischen Gemeinde zu Berlin (Wolf'sche Stiftung)" im Verwaltungsgebäude der Gemeinde in der Oranienburger Straße 29 zum ersten Mal öffentlich gezeigt werden. Der Oberbibliothekar und Direktor der jüdischen Gemeindebibliothek Moritz Stern (1864–1939) betreute die seit dem Tode Wolfs erweiterte Sammlung. Es wurden palästinische Altertümer, antike jüdische Münzen, Medaillen von jüdischem Interesse, Siegel und Petschafte, Kultgegenstände, Porträts wichtiger Persönlichkeiten des Judentums, Handschriften, Drucke und Bücher gezeigt. Nachdem im Jahre 1923 Diebe wertvolle Stücke gestohlen hatten, musste die Ausstellung geschlossen werden. Der Kunsthistoriker Karl Schwarz (1885–1962) übernahm 1930 die Leitung der Kunstsammlung. Kurz zuvor, am 28. November 1929, gründete sich der Jüdische Museumsverein – mit dem Ziel, in Berlin ein jüdisches Museum zu eröffnen. Der renommierte Maler und Präsident der Akademie der Künste **Max Liebermann** konnte als Ehrenvorsitzender des Vereins gewonnen werden. Er schenkte dem Museum wenige Jahre später zur Eröffnung ein Selbstporträt.

Der Gemeindevorstand stellte das erste Stockwerk des Hauses in der Oranienburger Straße 31 für das Museum zur Verfügung. In dem 1896 von Bertha und Moritz Manheimer gestifteten Gebäude befand sich zuvor das Siechenhaus der Jüdischen Gemeinde, das erst 1931 in die Exerzierstraße (heute: Iranische Straße; Wedding) umzog. Nachdem die vorgesehenen Ausstellungsräume durch den Gemeindebaumeister Alexander Beer umgebaut worden waren, wurde das Jüdische Museum am 24. Januar 1933, unmittelbar vor der Machtergreifung Hitlers, eröffnet.

Nachdem Schwarz noch im gleichen Jahr nach Tel Aviv ausgewandert war, übernahm für die folgenden zwei Jahre Erna Stein (1903–1983) seine Stelle, bis auch sie nach Palästina ging. Prof. Dr. Franz Landsberger (1883–1964), der bis 1933 als Ordinarius für Kunstgeschichte an der Breslauer Universität gewirkt hatte, wurde neuer Direktor. Eine unter den erdrückenden Verhältnissen der NS-Zeit veranstaltete Ausstellung war die Max-Liebermann-Gedächtnisausstellung, die ein Jahr nach seinem Tod, im Februar 1936, eröffnet wurde. Im Novemberpogrom 1938 wurde auch Landsberger verhaftet und im Konzentrationslager Sachsenhausen interniert. Durch die Intervention ausländischer Freunde wurde er freigelassen und wanderte über England in die USA aus. Das Museum wurde zwangsweise geschlossen, und viele Stücke der kostbaren Sammlung gingen in den folgenden Jahren unwiederbringlich verloren. Heute befindet sich im Erdgeschoss des Gebäudes die Jüdische Galerie.

JÜDISCHE GALERIE

Oranienburger Straße 31 (Mitte), Tel. 282 86 23
Öffnungszeiten: Montag bis Donnerstag von 12.30 bis 18.30 Uhr,
Freitag von 13.00 bis 17.00 Uhr, Sonntag von 11.00 bis 15.00 Uhr.

Die Jüdische Galerie, die erst vor wenigen Jahren eröffnet wurde, stellt vornehmlich jüdische Künstler aus, die aus den GUS-Staaten stammen. Weiterhin kann man hier Kunsthandwerk, Poster und Postkarten kaufen. Die Galerie wirkt ziemlich überladen und unübersichtlich, verführt damit jedoch auch zum Stöbern. Nach Umbauarbeiten wird sie frühestens im März 2000 wieder eröffnet.

JÜDISCHES MUSEUM BERLIN

Lindenstraße 9–14 (Kreuzberg), Tel. 28 39 74 44
Öffnungszeiten: Montag bis Mittwoch und Freitag bis Sonntag von
11.00 bis 16.00 Uhr, Donnerstag von 12.00 bis 18.00 Uhr. Bis zur
Eröffnung der Ausstellung 2001 nur Führungen durch das Gebäude:
an Wochentagen zur vollen Stunde; am Wochenende jede halbe Stunde.

Anlässlich der Ausstellung „Leistung und Schicksale", zum 300. Jahrestag der Gründung der Jüdischen Gemeinde Berlins im Berliner Stadtmuseum veranstaltet, entstand schon 1971 die Idee, erneut ein Jüdisches

Museum in Berlin zu gründen. Im Jahre 1975 begann der Verein „Freunde des Jüdischen Museums" sich für eine solche Gründung einzusetzen und eine neue Sammlung aufzubauen. Die Bemühungen zeigten einen ersten Erfolg, als eine **Jüdische Abteilung im Stadtmuseum** eingerichtet wurde. Das dreiflügelige Barockgebäude des ehemaligen Königlichen Collegienhauses wurde in den Jahren 1734 bis 1735 nach Plänen von Philipp Gerlach errichtet. Es war das erste Gebäude in Berlin, das ausschließlich für Ämter und Behörden vorgesehen war. Hier befand sich ursprünglich der Sitz des königlichen Kammergerichts. Nach dem Ersten Weltkrieg zog das Konsistorium der Evangelischen Landeskirche Brandenburg ein. Das Haus wurde während der Bombenangriffe vom Februar 1945 stark zerstört und erst in den 60er Jahren wieder aufgebaut. Das neu gegründete Stadtmuseum von Berlin (West) nahm hier seinen Sitz.

Der internationale Wettbewerb für einen Ergänzungsbau zum Stadtmuseum mit einer vergrößerten Abteilung Jüdisches Museum wurde im Jahre 1988 ausgeschrieben. Die aus allen Nähten platzende Jüdische Abteilung war zu diesem Zeitpunkt in der obersten Etage des Martin-Gropius-Baus in der Stresemannstraße untergebracht.

Am 23. Juni 1989 gewann der Entwurf „Between the Lines" des Architekten **Daniel Libeskind** den ersten Preis. Libeskind wurde 1946 im polnischen Lodz geboren. Nach seinem Architekturstudium in Amerika und Großbritannien lehrte er an verschiedenen akademischen Einrichtungen. Zusammen mit Peter Eisenman, Frank O. Gehry, Zaha Hadid und dem Architekturbüro Coop/Himmelblau gehört er zu den bekanntesten Dekonstruktivisten. Diese Schule stellt die traditionelle Architektursprache radikal infrage, indem sie z. B. den rechten Winkel weitgehend vermeidet und die Statik der Gebäude scheinbar aufhebt. Die Entwürfe wirken häufig wie das Ergebnis einer Explosion, bei der auf wundersame Weise zwar alle Gebäudeteile – wie Wände, Decken, Fenster und Türen – kräftig durcheinander geraten aber nicht völlig zusammengefallen sind.

Nach der Grundsteinlegung am 9. November 1992 begann die eigentliche Bauphase im März 1993. Das fertige Gebäude konnte im Januar 1999 nach fast sechsjähriger Bauzeit für die gespannte Öffentlichkeit zugänglich gemacht werden. Im Rahmen der „Langen Nacht der Museen" strömten zum ersten Mal wahre Publikumsmassen voller Begeis-

Jüdisches Museum Berlin

Ephraimpalais

terung in das noch leere Museum. Nach diesem Erfolg werden seit Februar 1999 regelmäßige Führungen angeboten.

Aus der Vogelperspektive wirkt das fünfgeschossige Gebäude wie ein zickzackartiger Blitz. Die Außenwände sind mit silbergrauem Zinkblech verkleidet, die schmalen Fensterschlitze unregelmäßig angeordnet. Das Haus wird in der Längsachse von Leerstellen durchbrochen, den „voids". Sie sollen das mit der Vernichtung der Juden zur Zeit des Nationalsozialismus endgültig Verlorene symbolisieren. In der Außenanlage fällt der E. T. A.-Hoffmann-Garten auf. Er besteht aus 49 geneigten überlebensgroßen Betonstelen, die ein wenig an den Mahnmalentwurf von Peter Eisenman erinnern und oben bepflanzt sind. Den Namen trägt der Garten, nicht weil E. T. A. Hoffmann (1776–1822) etwa jüdischer Herkunft wäre, sondern weil er als Kammergerichtsrat nebenan im Gebäude des späteren Stadtmuseums wirkte. Zum Altbau hin öffnet sich zwischen zwei Flügeln des Libeskind-Baus der unregelmäßig gepflasterte Paul-Celan-Hof.

Der Neubau ist unterirdisch mit dem alten Stadtmuseum verbunden, wo sich auch der Eingang befindet. Im Neubau kommt man zunächst an ein Achsenkreuz, das von drei Achsen gebildet wird. Auf der „Achse des Exils", die den Exodus deutscher Juden aus ihrer Heimat symbolisiert, gelangt man aus dem Museum heraus in den E. T. A.-Hoffmann-Garten. Eine Sackgasse endet im leeren, schachtartigen so genannten Holocaust-Turm, der aus nacktem Sichtbeton besteht. Die Hauptachse führt zu einer langen, steilen Treppe, die die einzelnen Stockwerke miteinander verbindet. Der Besucher durchwandert das Museum mitunter auf geneigten Böden, die das Gleichgewicht stören können und sollen. Diese Wirkung wird durch asymmetrisch geschnittene Räume mit spitzen Winkeln und schrägen Wänden unterstützt.

Die deutsche Wiedervereinigung veränderte die Rahmenbedingungen für ein Jüdisches Museum radikal. Um den Status des Museums gab es jahrelang Streitigkeiten zwischen dem ersten, ab 1994 amtierenden Museumsdirektor **Amnon Barzel** und dem Generaldirektor der Stiftung Stadtmuseum Berlin Reiner Güntzer, die in den Medien ausführlich kommentiert wurden. Barzel fühlte sich von der von ihm als preußisch kleinkariert empfundenen Bürokratie so in seinen Bestrebungen für die Autonomie des Jüdischen Museums behindert, dass er schließlich sein Amt verließ.

Der frühere US-Finanzminister **Michael Blumenthal** konnte im Dezember 1997 als neuer Museumsdirektor gewonnen werden, was wegen seines diplomatischen Geschicks schon bald als Glücksfall angesehen wurde. Blumenthal, dessen Familie aus Berlin stammt, hat inzwischen auch ein lesenswertes, sehr persönliches Buch über die deutsch-jüdische Geschichte geschrieben. Ihm ist es zu verdanken, dass das Jüdische Museum zunächst als Hauptabteilung der Stiftung Stadtmuseum Berlin geführt wurde und im Jahre 1999 – nach einer Übergangsperiode als unselbstständige Stiftung – in eine selbstständige Stiftung überging.

Bei der nun zur Verfügung stehenden Ausstellungsfläche von insgesamt 4500 Quadratmetern stellt sich das Problem, ausreichend Exponate aufzubringen. Eine zeitgemäße Lösung bietet das Konzept eines erzählenden Museums, das mit Hilfe von multimedialen Präsentationen und Repliken von Originalzeugnissen die vielfältige Geschichte der Juden in Deutschland darstellen möchte.

In nur zehn Monaten – die öffentlichen Führungen begannen am 5. Februar 1999 – kamen rund 100 000 Besucher und bestaunten die Räumlichkeiten, die so leer einen ganz unmittelbaren Eindruck von der skulpturalen und symbolisch aufgeladenen Architektur des Gebäudes vermitteln. Ein überraschender Nebeneffekt dieses außerordentlichen Andrangs war die Einsicht, dass die installierte Klimaanlage nicht ausreicht und auch Lichtanlage und Ausstellungstechnik überarbeitet werden müssen. So wurde die ursprünglich für Oktober 2000 vorgesehene Eröffnung des Museums auf das Jahr 2001 verschoben. Allerdings wird dann gleich die gesamte Dauerausstellung zu sehen sein und nicht, wie ursprünglich geplant, zunächst nur der Teil, der die deutsch-jüdische Geschichte von 1848 bis 1919 behandelt. Derzeit rechnet der Museumsdirektor nach der eigentlichen Eröffnung mit etwa 500 000 bis 600 000 Besuchern jährlich.

Durch eine Partnerschaft mit dem New Yorker Leo-Baeck-Institute möchte sich das Jüdische Museum auch als ein wissenschaftliches Zentrum deutsch-jüdischer Studien etablieren. Eine Bibliothek zu diesem Forschungsschwerpunkt ist im Aufbau begriffen.

STIFTUNG NEUE SYNAGOGE BERLIN – CENTRUM JUDAICUM

Oranienburger Straße 29 (Mitte), Tel. 284 01–250
Öffnungszeiten: Sonntag bis Donnerstag von 10.00 bis 17.30 Uhr;
Freitag von 10.00 bis 13.30 Uhr.

Siehe Seite 78.

EPHRAIMPALAIS

Poststraße 16 (Mitte), Tel. 24 00 20
Öffnungszeiten: täglich außer Montag von 10.00 bis 18.00 Uhr.

Im ältesten Teil von Berlin befindet sich gleich neben dem Roten Rathaus das **Nikolaiviertel**. Benannt ist es nach der erstmals 1264 urkundlich bezeugten Nikolaikirche in seinem Zentrum. Kleine Gassen, rustikale Kneipen, beschauliche Läden und Kopfsteinpflaster imaginieren eine Berliner Altstadt, die mit ihrer Mischung aus Wohnen, Arbeiten und Amüsieren den Charme einer Puppenstube ausstrahlt. Dabei stand hier vor 20 Jahren fast nichts mehr. Die Zerstörungen des Zweiten Weltkrieges haben in diesem Viertel nur die Ruine der Nikolaikirche inmitten von Trümmern hinterlassen. Erst zur aufwendigen 750-Jahr-Feier Berlins, bei der Ost und West mit ihren jeweiligen Prestigeobjekten miteinander konkurrierten, wurde das wieder aufgebaute, teils detailgetreu rekonstruierte und teils mit historisierenden Plattenbauten bestückte Nikolaiviertel der staunenden, aber auch kritischen Öffentlichkeit übergeben.

Allerlei prominente Literaten wohnten, arbeiteten oder logierten hier, so unter anderem auch Moses Mendelssohn, Friedrich Nicolai, Gotthold Ephraim Lessing und Heinrich Heine. Das einzige originale Bürgerhaus im Viertel bewohnte die angesehene und weitverzweigte Familie Knoblauch fast 170 Jahre. Einer ihrer Söhne war der Architekt Eduard Knoblauch, der die Neue Synagoge in der Oranienburger Straße entworfen hat. Heute befinden sich im **Knoblauchhaus** eine sehenswerte Abteilung des Stadtmuseums Berlin und im Erdgeschoss die „Historischen Weinstuben".

Das prächtigste Gebäude des Nikolaiviertels aber, das sogar als „schönste Ecke Berlins" bezeichnet wird, ist das nach seinem einstigen Bewohner benannte Ephraimpalais. Es steht erst seit 1987 originalgetreu wieder aufgebaut an dieser Stelle. Das wohlproportionierte, viergeschossige Gebäude hat eine klare Gliederung und vergoldete, fein ziselierte Balkonbegrenzungen. Als in den Jahren 1935/36 der Mühlendamm erweitert wurde, musste das ursprüngliche Palais abgerissen werden. Die 2493 nummerierten Fassadensteine wurden im Wedding eingelagert und im Laufe der Jahre fast vergessen. Sie konnten nahezu ein halbes Jahrhundert später – nach schwierigen Verhandlungen zwischen dem West-Berliner Senat und dem Ost-Berliner Magistrat – zurückgegeben und beim Wiederaufbau in unmittelbarer Nähe des einstigen Standorts verwendet werden. Nur etwa 15 Prozent der Fassadenteile sind neu hergestellt worden. Bei der Rekonstruktion der Fassade nahmen die Architekten Messbilder und Grundrisse aus alten Polizeiakten zu Hilfe. Die Inneneinrichtung ist gänzlich neu. Als Ersatz für das chinesische Zimmer, das sich im zweiten Stockwerk befand und verloren ging, ist die barocke „Schlüterdecke" eingezogen worden. Sie stammt aus dem 1889 abgerissenen Palais Wartenberg, das Andreas Schlüter in den Jahren 1701 bis 1703 entwarf und einst in der Nähe des Stadtschlosses stand.

Veitel Heine Ephraim (1703–1775), nach dem das Palais benannt ist, erwirtschaftete sich als Besitzer einer Fabrik für Gold- und Silberfäden, Hofjuwelier, Bankier und Münzpächter ein beträchtliches Vermögen. Im Siebenjährigen Krieg erhielt er das Münzrecht für die eroberten sächsischen Prägestätten. Die auf Befehl von Friedrich II. in Leipzig geprägten minderwertigen Münzen nannte der Volksmund „Ephraimiten". Von ihnen hieß es weiter: „Außen gut, innen schlimm, außen Friedrich, innen Ephraim." Mit Friedrich war der auf den Münzen abgebildete sächsische Kurfürst Friedrich August II. und nicht der eigentliche Auftraggeber, Friedrich der Große, gemeint. Von 1749 bis zu seinem Tode war Ephraim das Oberhaupt der jüdischen Gemeinde in Berlin. Im Jahre 1762 kaufte er am Mühlendamm, Ecke Poststraße ein Apothekerhaus, das von dem Apotheker Karl Walter Tonnenbinder um 1700 errichtet worden war. Bevor er einzog, ließ er es von dem Baumeister Friedrich Wilhelm Diterichs im Rokokostil in vierjähriger Arbeit prächtig ausbauen. Der preußische Staat erwarb das Haus im Jahre 1843 und brachte darin das Büro des Polizeipräsidenten unter. Im Jahre 1880 zog schließlich eine Bank ein. Heute beherbergt das Gebäude eine Abteilung des Stadt-museums Berlin, die Porzellan, Malerei und Plastik sowie wechselnde Sonderausstellungen präsentiert. Teil der Gemäldesammlung ist auch das bekannte, lebensgroße Porträt Walther Rathenaus, das der mit ihm befreundete Maler Edvard Munch geschaffen hat.

Kultur

GESCHICHTE UND GEGENWART JÜDISCHER KULTUR IN BERLIN

Die jüdischen Bewohner Berlins prägten in beeindruckender Weise die Bürgerkultur dieser Stadt. Die historische Zäsur von 1933 beendete nicht nur die so augenfällige Präsenz jüdischen Lebens in Berlin, sondern bedeutete überhaupt das Ende dieser spezifischen Kultur, die entscheidend von Juden getragen und nicht von ihnen zu trennen war.

Die lange Reihe bedeutender Schriftsteller, Verleger, Mäzene, Philosophen und Künstler jüdischer Herkunft liest sich wie ein „who is who" der Berliner Kulturgeschichte. Der Freundeskreis um Moses Mendelssohn, der ganz selbstverständlich die bedeutendsten Schriftsteller und Philosophen seiner Zeit einbezog, bildete den Ausgangspunkt dieser Entwicklung. Die literarischen Salons der getauften Jüdinnen Dorothea Schlegel, Henriette Herz und Rahel von Varnhagen versammelten die geistige Elite der preußischen Hauptstadt und gaben ihr ein Zuhause. Berliner Politiker wie Eduard Lasker (1829–1884), Ludwig Bamberger (1823–1899) und Ferdinand Lassalle (1825–1864) waren maßgeblich verantwortlich für eine politische Kultur der Liberalität und Toleranz im Deutschland des 19. Jahrhunderts. Großzügige Mäzene wie James Henry Simon und Eduard Arnhold (1849–1929) schenkten ihre kostbaren Sammlungen den Museen der Stadt. Wirtschaftlich erfolgreiche Unternehmer wie Josef Garbáty-Rosenthal (1851–1939) und Moritz Manheimer erwiesen sich als selbstlose Förderer von Sozialeinrichtungen. Die geschmackvollen Villen z. B. von Samuel Fischer und Walther Rathenau, mit ihren gediegenen Sammlungen von Büchern und Kunstgegenständen, standen befreundeten Künstlern und Schriftstellern jederzeit offen. Familien wie die von Mendelssohn, Ullstein, Mosse, Tietz und Wertheim waren über Generationen aufs Engste mit Berlin verbunden, bis die Nationalsozialisten diese Tradition durch Vertreibung, Enteignung und Ermordung brutal beendeten.

Die Blüte deutscher Literatur und Kunst vom Anfang des 19. Jahrhunderts bis zum Beginn der 30er Jahre ist vor allem Schriftstellern und Künstlern zu verdanken, die erst von den Nationalsozialisten auf ihre jüdische Herkunft reduziert wurden. Hier sollen nur beispielhaft einige Prominente Erwähnung finden, die ihre jüdische Identität explizit mit in ihr Schaffen einbrachten. Der zu seiner Zeit umjubelte Schauspieler **Rudolf Schildkraut** (1862–1930) z. B. spielte die Rolle des Shylock in Max Reinhardts Inszenierung von „Der Kaufmann von Venedig" am Deutschen Theater im Jahre 1905. In der Rolle des jüdischen Kaufmanns setzte er seine eigene jüdische Herkunft bewusst ein. Ein weiterer gefeierter Schauspieler, der wiederholt Juden verkörperte, war **Alexander Granach** (1890–1945). Er wuchs in Galizien auf und spielte im Scheunenviertel, bevor er bei Erwin Piscator im Theater am Nollendorfplatz Karriere machte. In den Erinnerungen von Mischket Liebermann heißt es über Granach und seine Beziehung zum Scheunenviertel: „Granach suchte das Ghetto oft auf. Nicht nur, um sich dort für seinen Shylock inspirieren zu lassen – er galt als einer der besten Shylock-Darsteller. Offensichtlich fühlte er sich heimisch im Ghetto." Nach seiner Vertreibung 1933 gründete er ein jiddisches Theaterensemble. **Joseph Roth** (1894–1939), der aus Galizien stammte und in den 20er Jahren in Berlin lebte und schrieb, hat in seinen Schriften nicht nur die untergegangene Welt der „k. u. k. Monarchie", sondern auch das Leben der osteuropäischen Juden geschildert. In seiner Reportage „Juden auf Wanderschaft" z. B. sind voller Anteilnahme die jüdischen Bewohner des Berliner Scheunenviertels porträtiert. **Kurt Tucholsky** (1890–1935), der aus der jüdischen Gemeinde ausgetreten war, spottete unter anderem in den satirischen Monologen des Herrn Wendriner oder in seinem Gedicht über den Jüdischen Friedhof in Weißensee über Berliner Juden.

Mit dem Erreichen der bürgerlichen Gleichstellung von Juden verstanden sich alle der genannten Künstler vor allem als Deutsche. Einige Kulturschaffende verließen die jüdische Religionsgemeinschaft, andere engagierten sich zeitlebens für die Belange der jüdischen Gemeinde. Die meisten waren stark assimiliert und identifizierten sich mit der deutschen Kultur, dem deutschen Volk und dem deutschen Staat. Es waren stets Antisemiten, Rassisten, Nationalsozialisten, die diesen so verschieden lebenden, denkenden und handelnden Personen unterschiedslos ihre deutsche Identität absprachen und sie nivellierend zu „Juden" erklärten. Erst durch die Ausgrenzung und Vernichtung der Mitmenschen jüdischer Herkunft sind ihre Bedeutung und der Verlust für die deutsche Kultur in voller Tragweite bewusst geworden.

Veranstaltungsorte, Termine und Programme für aktuelle jüdische Kulturveranstaltungen sind den Tageszeitungen, den verschiedenen Stadtmagazinen sowie dem Internet (www.jewish-berlin-online.de und www.hagalil.com/brd/berlin) zu entnehmen.

EHEMALIGES THEATER DES JÜDISCHEN KULTURBUNDES*

Kommandantenstraße 57 (Kreuzberg)

Ein kleiner, schlichter Granitstein, im Jahre 1988 von der Bildhauerin Susanne Ahner gestaltet, erinnert an das ehemalige Theater des Jüdischen Kulturbundes. Die Inschrift der Bodenplatte informiert knapp über die Geschichte der Institution.

Bereits vor dieser war im selben Gebäude ein anderes jüdisches Theater untergebracht. Im Jahre 1891 aus Budapest nach Berlin gekommen, bezogen die Brüder Anton und Donat Herrnfeld 1906 die neu gebaute Bühne in der Kommandantenstraße und eröffneten das nach ihnen benannte Theater. Sie waren Theaterdirektoren, Stückeschreiber und Schauspieler in Personalunion. Sie gaben für ein vorwiegend aus dem Scheunenviertel stammendes, jüdisches Publikum belanglose, unterhaltsame Komödien, deren Witz in den Dialogen und in der Körpersprache der Darsteller gelegen haben soll. Immerhin bewunderten sogar Siegfried Jacobsohn und Kurt Tucholsky von der Schaubühne die schauspielerischen Fähigkeiten der beiden Akteure. Mit dem frühen Tod von Donat Herrnfeld im Jahre 1916 endete wenig später auch die Geschichte des Herrnfeld-Theaters.

In den 20er Jahren sollten noch zweimal berühmte jüdische Bühnen im alten Herrnfeld-Theater gastieren. In der Winterspielzeit 1921/22 führte das Jüdische Künstlertheater aus Wilna An-Skis „Dibbuk" in der jiddischen Originalfassung auf. Wenige Jahre danach zeigte das legendäre Moskauer Habimah-Theater die hebräische Fassung des gleichen Stückes.

Vom Jüdischen Kulturbund wurde das Theater in den Jahren 1935 bis 1939 genutzt. Der „Kulturbund deutscher Juden", wie er noch bis 1935 hieß, wurde im Juni 1933 gegründet, als jüdische Musiker und Schauspieler mit Berufsverbot belegt wurden. Sie durften nun nur noch vor jüdischem Publikum auftreten. Der Leiter des Kulturbundes war der Dirigent und Musikwissenschaftler Dr. Kurt Singer, der bis zu seiner Entlassung 1933 als Intendant an der Städtischen Oper wirkte. Er wurde 1944 im Konzentrationslager Theresienstadt ermordet. Vom Kulturbund wurden nicht nur Theaterstücke, sondern auch Konzerte und Filme aufgeführt. Eigentlich waren nur Werke jüdischer Komponisten und Autoren erlaubt, doch zunächst wurden auch Stücke mit jüdischen Helden, die von „arischen" Dramatikern wie z. B. Lessing oder Hebbel stammten, geduldet. Der Kulturbund war für jüdische Künstler die einzige Möglichkeit, überhaupt noch aufzutreten, und für das jüdische Publikum, überhaupt noch Kultur zu genießen. Auf der einen Seite führte die Beschränkung der kulturellen Aktivitäten auf den Kulturbund zu einer Ghettoisierung. Doch zugleich stärkte er den Zusammenhalt der jüdischen Gemeinschaft. Durch ihre zahlreichen Initiativen schufen sich die Künstler eine Art Selbsthilfe. Die Arbeit des Kulturbundes unterlag jedoch zu jeder Zeit der nationalsozialistischen Zensur und Überwachung. Von 1939 bis zur zwangsweisen Auflösung des Jüdischen Kulturbundes am 11. September 1941 fanden die Veranstaltungen in den benachbarten Armin-Hallen statt, die in Kulturbund-Saal umbenannt wurden. Im Frühjahr 1944 zerstörten Fliegerbomben das Theater vollständig; die Ruine wurde in der Nachkriegszeit abgerissen. Seit den 50er Jahren steht hier die Otto-Suhr-Wohnsiedlung.

JÜDISCHE KULTURTAGE

Die Jüdischen Kulturtage finden im November statt. Jedes Jahr steht dieser Kulturmarathon unter einem besonderen Thema. Im Jahre 1999 war es z. B. Odessa, die Stadt am Schwarzen Meer, in der Isaak Babel und Sergej Eisenstein wirkten. Es werden Konzerte, Theatervorführungen und Lesungen veranstaltet. In den letzten Jahren begeisterte besonders das Gesher-Theater aus Tel Aviv, das von jüdischen Schauspielern aus den GUS-Staaten gegründet wurde. Auch israelische Stars wie

Chava Alberstein und David Broza sind hier bereits umjubelt worden. Das umfangreiche Programm wird durch zahlreiche Vorträge, Podiumsdiskussionen und Filme ergänzt.

JÜDISCHES FILMFESTIVAL

Das Jüdische Filmfestival findet seit 1995 jedes Jahr im Juni statt. Für die Auswahl der vorgeführten Filme gibt es bestimmte Leitthemen wie z. B. „die jüdische Frau im Film". Das weite Spektrum reicht jeweils von Klassikern der Stummfilmära über unbekannte Tonfilme, die z. B. im Vorkriegspolen in jiddischer Sprache gedreht wurden, bis zu aktuellen Produktionen aus den USA oder Israel.

JÜDISCHES STRASSENFEST IN DER ORANIENBURGER STRASSE

Jeweils im Juni wird seit 1997 in der Oranienburger Straße das Jüdische Straßenfest veranstaltet. Anlass für das erste Fest war der 30. Jahrestag der Wiedervereinigung Jerusalems im Jahre 1967. Dagegen gab es heftige Proteste von Palästinensern, die in diesem Jubiläum keinen Grund zum Feiern sahen. Auf einer Open-Air-Bühne geben jüdische Musiker Konzerte. Auf der Straße reihen sich verschiedene Stände aneinander, die z. B. israelische Snacks, Schmuck, Souvenirs oder auch Bücher zu jüdischen Themen anbieten. An einigen Ständen kann man sich auch über jüdische Organisationen informieren oder Geld spenden.

HACKESCHES HOFTHEATER

Rosenthaler Straße 40 (Mitte), Tel. 283 25 87

Einer der neuen Publikumsmagnete Berlins sind die **Hackeschen Höfe**. Von der Rosenthaler Straße gelangt man durch acht unterschiedlich gestaltete Innenhöfe bis in die Sophienstraße. Der labyrinthische Hofkomplex mit seiner gelungenen Mischung aus Wohnen, Arbeiten und

Vergnügen wurde 1906/07 nach Plänen von Kurt Berndt errichtet. Nachdem dieses Bauensemble zu Zeiten der DDR immer stärker verfallen war, konnte es in den Jahren 1994 bis 1996 durch die Unternehmer Roland Ernst und Rainer Behne mit viel Liebe zum Detail und stattlichen 50 Millionen Mark Baukosten saniert werden. Im zweiten Hinterhof befindet sich das Hackesche Hoftheater, das fast jeden Abend zu Konzerten mit jiddischen Liedern oder Klezmer einlädt. Interpreten jiddischer, aschkenasischer und sephardischer Lieder – wie Jalda Rebling, Inna, Mark Aizikovitch, Kerstin Kozubek und Karsten Troyke – sowie Klezmer-Gruppen – z. B. Aufwind, Grinsteins Mischpoche und Harry's Freilach – treten regelmäßig auf. In dem kleinen schwarzen Saal stehen vorn an der Bühne kleine Tische mit Sitzgelegenheiten, während weiter hinten auf einer Rampe Stuhlreihen aufgebaut sind. Für die Versorgung mit Getränken ist eine Bar im Vorraum zuständig. Die gesamte Einrichtung wirkt auf sympathische Art etwas improvisiert.

JÜDISCHER KULTURVEREIN E. V.

Oranienburger Straße 26 (Eingang Krausnickstraße; Mitte),
Tel. 282 66 69 oder 28 59 80 52
Öffnungszeiten: Montag bis Donnerstag von 11.00 bis 17.00 Uhr,
Freitag von 11.00 bis 14.00 Uhr.

Neben einer überaus kleinen jüdischen Gemeinde in Ost-Berlin lebten hier noch weitere Menschen jüdischer Herkunft, die allerdings größtenteils völlig assimiliert und religionslos waren. Viele von ihnen entschieden sich aus kommunistischen Idealen und antifaschistischen Standpunkten heraus, in der DDR zu leben.

Oft waren es gerade die Kinder und Enkel von staatstragenden Eltern, die, enttäuscht vom real existierenden Sozialismus, ihre verschütteten jüdischen Wurzeln entdeckten und pflegten. Sie knüpften in den 80er Jahren vorsichtige Kontakte zur jüdischen Gemeinde, ohne gleich religiös aktive Mitglieder zu werden.

Ein solcher privater Zirkel von säkularisierten, mitunter dezidiert atheistischen Intellektuellen jüdischer Herkunft ist der Jüdische Kulturverein, der 1990 gegründet wurde. Die Mitglieder wollen ihre kulturelle Iden-

Klezmer

Das Wort Klezmer (der Buchstabe z wird hier mit stimmhaftem s ausgesprochen) setzt sich aus den hebräischen Worten „klej" (Instrument,
Werkzeug) und „semer" (musizieren, singen) zusammen. Die Interpreten von Klezmermusik nennt man Klezmorim. Klezmer ist ursprünglich die Hochzeits- und Tanzmusik der osteuropäischen Juden. Die
Wurzeln dieser Musik reichen bis ins 16. Jahrhundert zurück. Einflüsse
der rumänisch-moldawischen Folklore, orientalischer Skalen, aber auch
synagogaler Gesänge und chassidischer Melodien sind unüberhörbar.
Kleinere Besetzungen mit Klarinette, Geige oder Hackbrett als Solo-
instrument sind traditionellerweise üblich. Die Melodien werden reich
verziert und virtuos variiert. Gleitende Töne, Triller, Vorschläge und
häufige Dur-Moll-Wechsel sind typische Kennzeichen. Besonders charakteristisch für Klezmermusik ist das Schluchzen, Kichern, Glucksen
und Wiehern der Klarinette. Die beiden Klarinettisten Naftule Brand-
wein und Dave Tarras gehörten zu den stilbildenden Virtuosen der
20er und 30er Jahre.
Klezmer wurde nach der Vernichtung des osteuropäischen Judentums
und seiner Kultur nur noch selten gespielt und war nur einigen wenigen Liebhabern und Sammlern bekannt. Ab Mitte der 70er Jahre gelang dieser Musik in Amerika ein erstaunliches Comeback, und zwar
nun vor allem auf den Konzertpodien. Die seit den 20er Jahren kontinuierlich auftretenden Epstein Brothers und der bereits genannte
Dave Tarras bilden gewissermaßen das einzige aktive Bindeglied zwischen dem Vorkriegsklezmer und seinem späten Revival. Der besonders in Deutschland überaus erfolgreiche Klarinettist Giora Feidman,
der für viele Laien geradezu als Inbegriff des Klezmer gilt, spielt vor allem ein Crossover von Pop bis Klassik. Wesentlich ernster zu nehmen
sind dagegen Bands wie z. B. Brave Old World, The Andy Statman
Klezmer Orchestra oder Klezmatics, die Klezmer durch Anleihen an
Jazz, Rock und Kammermusik weiterentwickelten. Die aus Ost-Berlin
stammende Gruppe „Ahava Raba" (hebräisch „große Liebe") hat sogar eine CD bei dem New Yorker Label „Tzadik" von John Zorn veröffentlicht.

tität auch mit jüdischer Tradition anreichern. Der Verein mietete Räume im „Jewish Trade and Communication Center". Alternative Kabbalat-Schabbat-Feiern zum Schabbatbeginn werden jeden Freitagabend angeboten. Auch Lesungen jüdischer Autoren und Vorträge zu das Judentum betreffenden Themen finden hier statt. Besonders kümmert man sich um die Integration russischer Juden. Monatlich erscheint die „Jüdische Korrespondenz".

Der Verein ist juristisch unabhängig von der Einheitsgemeinde, unterhält aber, seitdem Andreas Nachama Vorsitzender der Gemeinde ist, informelle Kontakte zu ihr.

Grinsteins Mischpoche im Hackeschen Hoftheater

Marktstände vor der Volksbühne im alten Scheunenviertel, 1924

Mythos Scheunenviertel

Schriftsteller der 20er Jahre, vor allem Alfred Döblin mit dem Roman „Berlin Alexanderplatz" und Joseph Roth in seinen Zeitungsreportagen, haben das Scheunenviertel als Schauplatz ihrer Geschichten und Beobachtungen verewigt. Scheunenviertel: Diese erst nach der Wiedervereinigung wieder inflationär gebrauchte Bezeichnung für die Gegend nordwestlich des Alexanderplatzes beschwört einen Mythos, der je nach Interesse von orthodoxen Juden in schwarzen Kaftanen, halbseidenen Ganoven und korrupten Polizisten oder billigen Prostituierten und ihren Freiern bevölkert wird. Dabei wird das Scheunenviertel häufig mit der gesamten Spandauer Vorstadt gleichgesetzt, was historisch noch weniger haltbar ist. Das so genannte Scheunenviertel umfasst in etwa das Gebiet, das von der Rosa-Luxemburg-Straße im Osten bis zur Rosenthaler Straße im Westen und von der Torstraße im Norden bis zur Neuen Schönhauser Straße / Münzstraße im Süden reicht.

Im Jahre 1672 erließ der Große Kurfürst Friedrich Wilhelm I. eine Feuerschutzordnung, in der angeordnet wurde, Getreide, Stroh und andere leicht brennbare Materialien außerhalb der Stadtmauern zu lagern. So wurden auf dem Areal, auf dem sich heute die Volksbühne befindet, insgesamt 27 Scheunen errichtet. Im 18. Jahrhundert entstanden dann im Zuge der schrittweisen Stadterweiterung auch in dieser Gegend Wohnhäuser. Mit der gewaltig vorangetriebenen Industrialisierung und dem explosionsartigen Anwachsen der Bevölkerung Berlins ab der zweiten Hälfte des 19. Jahrhunderts verkam die Gegend schnell zum Armen- und Elendsviertel. In billigen, überbelegten Wohnungen ohne jeglichen Komfort lebten die Zugewanderten, die Ausgestoßenen, die Gescheiterten.

Vor den Pogromen in Russland, Litauen und Polen geflüchtete Juden siedelten sich vor allem in der Gegend um die Max-Beer-Straße (ehemalige Dragonerstraße) und Almstadtstraße (ehemalige Grenadierstraße) an. Die mittellosen und jiddisch sprechenden Ostjuden brachten ihre strenggläubige Lebensweise mit und schockierten die stark assimilierten und zumeist gutbürgerlichen Juden Berlins. Die wallenden Bärte und die langen schwarzen Kaftane, die vielen kleinen orthodoxen Bet-

stuben und Talmudschulen, die selbstgenügsame und freiwillige Abgren-
zung von der weltlichen Umgebung erinnerten die etablierte jüdische
Gemeinde an die eigene, noch gar nicht so lange zurückliegende Vergangenheit. Chassidische Rebben und ihr kompletter Hofstaat ließen
sich in der Gegend nieder. Ihre bedeutendsten Betstuben befanden sich
in den Häusern der Almstadtstraße 16, 26 und 28. Im Hinterhof des
Hauses Nr. 16 ist ein mit Steinen umrandeter Davidstern zu sehen, der
in Eigeninitiative einiger Mieter entstand und an die einstigen Bewohner erinnern soll.

Ein geschäftiges, marktähnliches Treiben bot sich in den Straßen und
Hofdurchfahrten. Altkleiderhändler, Hausierer, Gemüseverkäufer und
Buchhändler versuchten – oft in Hauseingängen oder auf offener Straße –
ihre Waren zu verkaufen und so ihren kärglichen Lebensunterhalt zu
verdienen. Der Hauptmann von Köpenick kauft sich in dem gleichnamigen Stück von Carl Zuckmayer seine abgetragene Uniform in der
Grenadierstraße, beim Trödler Krakauer. Von denen, die es zu etwas mehr
gebracht hatten, wurden auch Speiselokale, Pensionen, Bäckereien und
Druckereien betrieben. Die meisten Anwohner waren jedoch Arbeiter,
häufig in den zahlreichen Zigarettenfabriken, oder Arbeitslose, die auf
Hilfe angewiesen waren. Dank ihres gut ausgebauten Wohlfahrtswe-
sens konnte die jüdische Gemeinde – trotz einiger Ressentiments – helfen, die Not etwas zu lindern. So öffnete im Mai 1916 das Jüdische
Volksheim in der Dragonerstraße 22 (heute: Max-Beer-Straße 5) seine
Tore. Über die Eröffnung berichtete Gustav Landauer seiner Tochter in
einem Brief, in dem es heißt: „Es sollen da Studenten, Kaufleute, Arbeiter
beiderlei Geschlechts zusammenkommen, zu belehrenden Gesprächen
und Vorlesungen; Mütter werden beraten; ein Kinderhort ist da, und
zwei Stuben werden als Werkstätten für Tischlerei usw. eingerichtet,
was gerade für die Juden, die aus dem Osten kommen und oft nichts
als Hausieren und dergleichen gelernt haben, sehr wertvoll ist." In diesem Bericht finden wir soziales Engagement gepaart mit bildungsbür-
gerlicher Überheblichkeit.

Für Antisemiten stellte das orthodoxe Judentum im Scheunenviertel
ein willkommenes Beispiel für die vermeintliche Fremdheit der jüdischen
Kultur dar. Beim Kapp-Putsch 1919 und zur Zeit der Inflation 1923 war
das Scheunenviertel wiederholt Schauplatz von Plünderungen, bewaff-
neten Kämpfen und antisemitischen Überfällen. Am 5. April 1933 ver-

hafteten die Nationalsozialisten in einer Razzia im Scheunenviertel zahlreiche Einwanderer. Am 28. Oktober 1938, knapp zwei Wochen vor dem Novemberpogrom, wies die nationalsozialistische Regierung rund 10 000 aus Polen stammende Juden in ihre ehemalige Heimat aus, in ein Land also, das sie nicht haben wollte. Die heute mitunter romantisch verklärte Sicht, die im Scheunenviertel ein Schtetl oder gar ein Ghetto sehen möchte, ist jedoch in der Tat irreführend und unpassend. Denn Juden bewohnten keineswegs allein dieses Viertel, das zudem nach allen Seiten hin offen für die Einflüsse der pulsierenden Metropole war, sondern lebten eng zusammen in einer – heute würden wir vielleicht harmonisierend sagen: – multikulturellen Nachbarschaft.

Die verkehrsreiche Münzstraße war z. B. bekannt für ihre Unterhaltungstheater und billigen Kinos. Im Erdgeschoss des Hauses Nr. 5 gab es einst das „Biograph-Theater", das 1899 als erstes Kino in Berlin eröffnet wurde. Darüber, im ersten Obergeschoss, befand sich Bergers Wiener Restaurant, das von Adass-Jisroel in der Einhaltung der rituellen Speisevorschriften kontrolliert wurde. Ein paar Schritte weiter, in der Almstadtstraße 5, ließ man sich vom jiddischsprachigen Theater des Centrums unterhalten, das von dem Gastwirt Leo Loewenthal geleitet wurde.

Besonders in den angeblich so goldenen Zwanzigern mauserte sich die Gegend zu einem Szene- und Vergnügungsviertel. Gelangweilte Schickeria aus Theater und Film suchte hier das verruchte Ambiente der halblegalen Nachtwelt. In Spelunken, Nachtbars und Stundenzimmern blühten Glücksspielerei und Prostitution. Das Viertel war die Heimat der kleinen Ganoven und illustren Nachtgestalten. In spontanen oder groß angelegten Razzien hoffte die Polizei illegale Einwanderer, Kriminelle oder gar Kommunisten zu finden. Die enge Schendelgasse und die Mulackstraße boten Unterschlupf für dubiose Vereine, die wie die Mafia die kleinen Geschäfte und Schenken kontrollierten.

Die Einrichtung der berühmt-berüchtigten Kneipe Mulackritze in der Mulackstraße konnte vor deren Abriss gerettet werden, und zwar von Charlotte von Mahlsdorf, dem als Lothar Berfelde geborenen bekannten Transvestiten, der inzwischen aufgrund von rechtsradikalen Drohungen und Überfällen in Schweden lebt. Die Theke ist heute im Gründerzeitmuseum in Mahlsdorf zu besichtigen.

Der größte Teil des Scheunenviertels verfiel jedoch in der DDR-Zeit und war zum Abriss vorgesehen. Straßennamen und Hausnummern wurden geändert. Hebräische Inschriften verblassten, Putz bröckelte, Mieter zogen fort. Seit der Wiedervereinigung wurde das Gebiet zum größten Teil saniert, wobei fast nichts mehr an die Geschichte dieses Viertels und seiner Bewohner erinnert.

Jüdische Cafés und Restaurants

WAS IST KOSCHER?

Die jüdische Küche zeichnet sich durch abwechslungsreiche Rezepte und landestypische Anleihen aus. Juden aus Polen oder Russland haben eine ganz andere kulinarische Tradition als Juden aus dem Jemen oder Iran. Die Vielfalt jüdischer Gerichte kennt jedoch ein gemeinsames Prinzip: die rituellen Speisevorschriften (hebräisch *Kaschrut*). Sie gehören zu den Grundfesten des strenggläubigen Judentums und lassen sich größtenteils auf biblische Gebote zurückführen, die in späteren Schriften – wie *Mischna, Talmud* und *Schulchan Aruch* – weiterentwickelt wurden. Einige grundsätzliche Bestimmungen dieser insgesamt sehr komplexen Vorschriften lassen sich recht schnell verstehen.

Generell werden fleischige, milchige und neutrale Speisen unterschieden. Rein oder – wie es hebräisch heißt – koscher ist das Fleisch von gesunden Tieren, die Vierfüßler sind, ihre Nahrung wiederkäuen und gespaltene Hufe haben, wie Rind, Kalb, Lamm, Ziege und Reh, und auch das der meisten Geflügelarten. Fleisch vom Schwein, Pferd, Kamel, Kaninchen und Hasen ist dagegen nicht koscher, ebensowenig jenes von Raubvögeln, Wildgeflügel, frisch geschossenen Fasanen und Aasfressern. Die zuerst genannten Fleischsorten sind jedoch auch nur potentiell koscher, denn zuvor müssen die Tiere den rituellen Vorschriften entsprechend geschächtet werden. Das Schächten wird von einem eigens ausgebildeten Schächter, dem *Schochet*, vollzogen. Dabei durchtrennt er die Hauptschlagader sowie die Speise- und die Luftröhre des Tieres mit einem sehr scharfen, gratfreien Messer in einem Schnitt. Das Tier stirbt sofort durch einen Hirnschlag. Es muss nun weitestgehend ausbluten. Anschließend wird das Fleisch in kleinere Stücke geteilt, und das restliche Blut mit fließendem Wasser und Salz entfernt. Erst nach dieser Prozedur ist das Fleisch koscher. Damit es koscher bleibt, muss es auch entsprechend den rituellen Speisevorschriften zubereitet werden.

Zu den milchigen Speisen gehören Milch und Milchprodukte wie z. B. Butter, Käse und Joghurt. Käse ist allerdings nur dann koscher, wenn er ohne tierisches Lab hergestellt wurde. Milchige und fleischige Speisen dürfen auf gar keinen Fall zusammen gegessen oder aufbewahrt werden. Das bedeutet z. B., dass eine Salamipizza nicht mit Käse überbacken sein darf und nach einer Fleischspeise keine Schokolade oder Quarkspeise gegessen wird. In einer koscheren Küche gibt es dreierlei Geschirr: eins für Fleischiges, eins für Milchiges und eins für *Pessach*.

Zu den neutralen Speisen (hebräisch *parwe*) gehören Fische, die Schuppen und Flossen besitzen, sowie Eier, Obst und Gemüse. Aale und Fische ohne echte Schuppen, wie z. B. Stör, Steinbutt, Wels oder auch Hai, sowie alle Schalentiere und Krebse sind dagegen nicht koscher. Echter Kaviar ist also auch nicht koscher, da er vom Stör stammt. Die neutralen Speisen dürfen zusammen mit milchigen oder fleischigen Nahrungsmitteln zubereitet und gegessen werden.

Einige Speisen der jüdischen Küche sind inzwischen sehr bekannt geworden:

Bagel sind flache, runde Hefebrötchen mit einem Loch in der Mitte. Vor dem Backen werden sie ein bis zwei Tage bei etwa 2 Grad Celsius gekühlt und anschließend in Wasser gekocht. Es gibt sie in den verschiedensten Geschmacksrichtungen – pur, mit Mohn, Sesam oder Körnern bestreut – und ganz unterschiedlich belegt, z. B. mit Lachs, Olivenpaste oder Frischkäse. Bagel sind in Amerika populär geworden und werden auch in Deutschland immer beliebter.

Falafel sind goldbraun frittierte Bällchen aus gewürztem Kichererbsenpüree. Sie werden als Schnellimbiss zusammen mit verschiedenen Salaten und Sauce im Pitabrot angeboten. Bekannt sind sie nicht nur in der jüdischen Küche, sondern im ganzen Orient.

Gefilte Fisch, man ahnt es schon, ist gefüllter Fisch. Früher wurde ein enthäuteter und entgräteter Fisch mit einer Mischung aus gehacktem Fisch gefüllt und gekocht. Heute begnügt man sich damit, das Fischpüree in Form von Klößchen in Fischbrühe zu kochen. Serviert wird gefilte Fisch mit Karottenscheiben und einer Meerrettichsoße, die mit roten Rüben abgeschmeckt ist.

Hummus ist ebenfalls ein Püree aus Kichererbsen. Es wird mit Sesampaste, Zitrone und Olivenöl zubereitet sowie mit Knoblauch, Salz und Cayennepfeffer gewürzt. Hummus wird als Vorspeise mit Pitabrot oder als Beilage zum Hauptgericht serviert.

Israelischer Salat ist aus besonders fein gewürfelten Tomaten, Gurken, grünen Paprikaschoten und Zwiebeln zubereitet. Der Salat wird mit Olivenöl, Salz, Pfeffer, Zitronensaft und frischer Petersilie angerichtet. Er kann mit frischen Minzeblättern garniert werden.

Latkes sind kleine, flache Kartoffelpfannkuchen, die sowohl als Beilage zu herzhaften Gerichten wie gebratenem Geflügel als auch mit Apfelmus oder Zucker gegessen werden können.

Im Umkreis der Neuen Synagoge in der Oranienburger Straße befinden sich gleich einige jüdische Restaurants und Cafés. Jedoch nicht alle gastronomischen Angebote, die sich hier – entsprechend dem Trend – vom Namen her jüdisch geben, bieten auch jüdische Speisen an oder haben einen Bezug zum Judentum.

AM WASSERTURM

Knaackstraße 22 (Prenzlauer Berg), Tel. 442 88 07
Öffnungszeiten: täglich von 10.00 bis 2.00 Uhr.

In unmittelbarer Nähe zur Synagoge Rykestraße befindet sich das Restaurant *Am Wasserturm*. Seinen Namen hat es vom vis-à-vis gelegenen alten Wasserturm entliehen, dem Wahrzeichen vom Prenzlauer Berg. Das Restaurant der mittleren Preisklasse bietet traditionelle jüdische Küche im koscheren Stil und koschere Weine aus der ganzen Welt an. Spezialität des Hauses ist die wechselnde Wochenkarte mit internationalen jüdischen Speisen aus unterschiedlichen Regionen, z. B. aus Skandinavien oder Marokko. Jeden Montag spielt das Duo Rosenthal und Ginsburg Klezmermusik. Von Dienstag bis Sonntag wird ab 20.30 Uhr Klaviermusik, ebenfalls live, geboten. Die beiden Wandbilder sind nach dem Vorbild mittelalterlicher Illustrationen in hebräischen Handschriften gestaltet. Sie zeigen den schlafenden Abraham, der nach einer Erzählung der Bibel von den zukünftigen Geschicken seiner Nachkommen träumt, und den Baum des Lebens aus der biblischen Paradiesgeschichte.

Am Wasserturm

Beth Café

ARCHE NOAH

Fasanenstraße 79–80 (Charlottenburg), Tel. 882 61 38
Öffnungszeiten: Sonntag bis Freitag von 11.30 bis 15.30 Uhr und
von 18.30 bis 23.00 Uhr, Samstag von 11.30 bis 15.30 Uhr.

Das älteste jüdische Restaurant Berlins mit koscherer Küche befindet
sich in der oberen Etage des Jüdischen Gemeindezentrums. Es ist recht
klein und erweckt mit seinen weiß gedeckten Tischen und dem Verzicht
auf modischen Schnickschnack die Atmosphäre der 70er Jahre. Verschiedene Fleisch-, Geflügel- und Fischgerichte der traditionellen jüdischen und israelischen Küche werden hier serviert. Die Preise sind mo-
derat. Das *Arche Noah* veranstaltet jeden Dienstagabend ein Buffet
mit über 30 verschiedenen Speisen für nur 35 Mark.

BETH CAFÉ

Tucholskystraße 40 (Mitte), Tel. 281 31 35
Öffnungszeiten: Sonntag bis Donnerstag von 11.00 bis 22.00 Uhr,
Freitag von 11.00 Uhr bis Schabbatbeginn.

Das *Beth Café*, das von der strengreligiösen Adass-Jisroel-Gemeinde
betrieben wird, ist koscher. Das hebräische Wort *Beth* bedeutet einfach
nur „Haus". Ein *Beth Café* ist also ein Café(haus). Die Werbeschilder mit
den schwarzweißen Feldern und der hebräischen Beschriftung machen
schon von weitem auf „Das jüdische Café", wie die Selbstbezeichnung
lautet, aufmerksam. Es ist in dem noch nicht sanierten, alten und wieder neuen Gemeindezentrum der neo-orthodoxen Seperatgemeinde eingerichtet und wurde im Jahre 1991 eröffnet. Zu Kaffee, Tee oder Kalt-
getränken werden israelische Snacks wie Falafel, Bagel, Salate und
Suppen serviert. Außerdem umfasst das Angebot einige vegetarische
Mittagsgerichte.

OREN

Oranienburger Straße 28 (Mitte), Tel. 282 82 28
Öffnungszeiten: Montag bis Freitag von 11.00 bis 1.00 Uhr,
Samstag und Sonntag von 10.00 bis 1.00 Uhr.

Unmittelbar neben dem Centrum Judaicum und der Neuen Synagoge gelegen, zieht das *Café Oren* außer dem Stammpublikum besonders jene Touristen an, die sich in der Spandauer Vorstadt auf die Suche nach Spuren jüdischen Lebens begeben haben. Das hebräische Wort *Oren* bezeichnet eine Zedern- oder auch Kiefernart. Das Restaurant der mittleren Preisklasse ist zwar nicht streng koscher, bietet aber zahlreiche Gerichte der jüdisch-israelischen Küche an, darunter überraschend viele Fischgerichte. Auch Vegetarier können hier aus einem reichhaltigen Speisenangebot wählen. Das Lokal ist immer sehr gut besucht und gefällt durch seine gediegene Ausstattung.

RIMON

Oranienburger Straße 26 (Mitte), Tel. 28 38 40 32
Öffnungszeiten: täglich von 10.00 bis 2.00 Uhr.

Das Café Restaurant Rimon befindet sich im Erdgeschoss und in der ersten Etage von dem „Jewish Trade and Communication Center", einem neu gebauten Eckhaus, in das auch das Anne-Frank-Zentrum und der Jüdische Kulturverein eingezogen sind. Das hebräische Wort *Rimon* bedeutet „Granatapfel" und im Neuhebräischen übrigens auch „Handgranate". Vor allem Vegetarier finden in diesem Restaurant ein abwechslungsreiches Angebot. Serviert werden israelische Leckereien und osteuropäische Spezialitäten im koscheren Stil. Auf einem Informationstisch im Eingangsbereich liegen diverse Hinweise für Veranstaltungen und Führungen zum jüdischen Berlin aus.

Um die Ecke, mit Eingang in der Krausnickstraße, ist noch ein Imbiss untergebracht, der leckere, frische Bagel anbietet. Dafür wurde eigens eine originale Bagel-Bäckerei aus Israel eingebaut. Für private Parties kann der hauseigene Catering-Service in Anspruch genommen werden.

SALOMON BAGELS

Joachimstaler Straße 13 (Charlottenburg), Tel. 821 04 04
Potsdamer-Platz-Arkaden (Tiergarten), Tel. 25 29 76 26
Öffnungszeiten: Montag bis Freitag von 9.00 bis 20.00 Uhr,
Samstag von 9.00 bis 16.00 Uhr.

Bei *Salomon Bagels* gibt es, wie der Name schon sagt, vor allem Bagels.
Sie werden – in vielen verschiedenen Geschmacksrichtungen – frisch
zubereitet. Als Beilage kann man aus einem reichhaltigen Sortiment
an Salaten und Pasten wählen.

Die beiden Filialen von *Salomon Bagels* könnten unterschiedlicher
kaum sein. Der Laden in der Joachimstaler Straße liegt in einem Gebäudekomplex mit der Literaturhandlung, einer Synagoge und verschiedenen
Gemeindeeinrichtungen. Das erklärt auch die ständige Polizeipräsenz
vor dem Haus. Es kommen hier nicht so viele Passanten vorbei, wie die
Nähe zum Kurfürstendamm vielleicht erwarten ließe. Der Laden ist recht
klein und einfach eingerichtet.

Ganz anders sieht es dagegen in der Filiale in den überdachten Arkaden am Potsdamer Platz aus. In der veritablen Einkaufsmall, die hier
– leider in nicht sehr origineller Form – aus dem Boden gestampft wurde,
liegt das Café auf der Empore im ersten Obergeschoss. Das gesamte
Mobiliar ist entsprechend der puppenstubenhaften Umgebung gestylt.
An einer Theke lockt die breite Palette der Leckereien von *Salomon
Bagels* den ununterbrochen durchfließenden Käuferstrom.

TABUNA

Alt-Moabit 59 (Tiergarten), Tel. 390 70 40
Öffnungszeiten: Montag bis Freitag von 18.00 bis 24.00 Uhr,
Samstag und Sonntag von 12.00 bis 24.00 Uhr.

In einem neu errichteten Gebäude befindet sich in der ersten Etage das
Tabuna. Dieses Restaurant mittlerer Preisklasse hat seinen Namen von
dem echten orientalischen Tabuna-Ofen, der eigens aus Israel importiert wurde. In der Speisekarte wird kurz über Herkunft und Geschichte

Salomon Bagels

Tabuna

des Ofens berichtet. In ihm werden tellergroße Pitabrote gebacken, die als Beilage zu den verschiedenen Gerichten dienen. Dabei handelt es sich um eine reiche Auswahl an orientalischen Vor- und Hauptspeisen im koscheren Stil; die Palette reicht von Hummus, Baba Ganusch (Auberginen-Dip) und Falafel bis zu Lammwürstchen, gefüllten Auberginen und Couscousgerichten. Auch israelische Weine und Spirituosen werden angeboten. In dem geräumigen Restaurant sitzen die Gäste an weiß gedeckten Tischen. Jeden Freitag- und Samstagabend gibt es Live-Musik. Bei schönem Wetter kann man auf einer Terrasse sitzen und auf die Spree schauen. Eine Tiefgarage mit 99 Parkplätzen ist vorhanden.

Jüdische Lebensmittel-, Buch- und Ritualiengeschäfte

DAS JÜDISCHE WARENANGEBOT

Zur Infrastruktur einer jüdischen Gemeinde gehören auch koschere Geschäfte, in denen Juden, die entsprechend der religionsgesetzlichen Vorschriften leben, einkaufen können. Im Berlin der Vorkriegszeit gab es eine ausreichende Versorgung mit koscheren Lebensmitteln. Damals existierten auch zahlreiche Geschäfte, in denen man hebräische Bücher oder jüdische Ritualien erwerben konnte. Nach der Schoa hat es lange gedauert, bis zumindest wieder eine Grundversorgung für diesen Aspekt jüdischen Lebens erreicht war. Erst in den 90er Jahren wurden im Zusammenhang mit dem Anwachsen der Jüdischen Gemeinde fast alle der wenigen Geschäfte eröffnet. Charakteristisch für die meisten Läden ist das überaus breite Verkaufssortiment, das von Lebensmitteln über Kosmetika bis zu Ritualien und Büchern reicht.

KOL BO

Auguststraße 77–78 (Mitte), Tel. 281 31 35
Öffnungszeiten: Dienstag bis Donnerstag von 11.00 bis 18.00,
Freitag von 10.00 bis Schabbatbeginn.

Die orthodoxe Gemeinde *Adass-Jisroel* betreibt dieses Geschäft, das ein überraschend großes Sortiment an koscheren Lebensmitteln und Weinen anbietet, seit 1992. Die hebräischen Wörter *Kol Bo* lassen sich mit „alles darin" übersetzen. Das Gemeindezentrum von *Adass-Jisroel* liegt gleich um die Ecke, in der Tucholskystraße. Ähnlich wie das dortige *Beth Café* hat auch *Kol Bo* eine auffällige schwarzweiße Werbung mit hebräischer Schrift. Die Produkte stammen aus Israel sowie Frankreich und die Backwaren auch aus eigener Herstellung. Doch auch Bücher zu jüdischen Themen, Kalender, Souvenirs, Schabbatkerzen, Eis, israelische Kosmetikartikel und rituelle Kultgegenstände werden hier verkauft.

KOSHER DELI

Goethestraße 61 (Charlottenburg), Tel. 31 50 92 43
Öffnungszeiten: Montag bis Donnerstag von 9.30 bis 17.00 Uhr,
Freitag von 9.00 bis 14.30 Uhr.

Das koschere Geschäft macht mit einem geschmackvoll dekorierten Schaufenster sowie einem hebräisch und deutsch beschrifteten Ladenschild auf sich aufmerksam. Der Verkaufsraum ist hell und sehr aufgeräumt. An den Wänden stehen Regale mit Lebensmitteln und israelischen Weinen, aus denen man sich selbst bedienen kann. Ein Tiefkühlschrank enthält Kalbfleisch, Würstchen und Pute. An der Verkaufstheke gibt es frisch zubereitete Lebensmittel wie Salate (unter anderem Hummus, Auberginen, Tahina, Rote Beete), Fleisch, Wurst und frisches Gemüse. Schabbatkerzen, israelische Snacks, israelischer Instantkaffee, *Mazzot* und Oliven ergänzen das Angebot. Das handförmige *Chamsa*-Amulett an der Wand bildet das einzige Schmuckelement des Ladens.

LITERATURHANDLUNG

Joachimstaler Straße 13 (Charlottenburg), Tel. 882 42 50
Öffnungszeiten: Montag bis Freitag von 9.30 bis 18.30 Uhr,
Samstag von 9.30 bis 14.00 Uhr.

Die Literaturhandlung hat sich auf jüdische Autoren und Bücher zu jüdischen Themen spezialisiert. Sie ist in einem hellen und großzügig geschnittenen Laden eingerichtet. Die Polizeipräsenz auf dem Bürgersteig gilt nicht nur dem Geschäft, sondern auch den Gemeindeeinrichtungen, die im gleichen Gebäudekomplex untergebracht sind. Rachel Salamander, die Chefin des Ladens, betreibt auch in München und Wien eine jüdische Buchhandlung und gibt einen Katalog mit 7000 Buchtiteln jüdischer Autoren und 32 Sachgebieten heraus. In der ausgezeichnet

Kol Bo

Tabularium

sortierten Buchhandlung finden sich neben Neuerscheinungen auch alle noch erhältlichen älteren Titel zum Thema. Das in Berlin beispiellos breite Sortiment umfasst Belletristik, altes und modernes Antiquariat, jiddische Literatur, deutsche und englische Fachbücher zur jüdischen Geschichte, Kultur, Kabbala und Philosophie sowie Sprachführer, Wörterbücher, Reiseführer und ausgesuchte religiöse Literatur wie Bibel, Mischna, Talmud und Gebetbücher in hebräischer Sprache. Auch eine kleine Auswahl an CDs und Kassetten mit Synagogalmusik und Klezmer ist im Angebot. Die freundliche und kompetente Buchhändlerin nimmt natürlich auch Bestellungen entgegen.

PLÄZL

Passauer Straße 4 (Charlottenburg), Tel. 217 75 06
Öffnungszeiten: Montag bis Donnerstag von 9.00 bis 18.00 Uhr,
Freitag von 9.00 bis 13.30 Uhr.

In unmittelbarer Nachbarschaft zum Kaufhaus des Westens, dem berühmten KaDeWe, befindet sich das koschere Geschäft *Pläzl*, das durch einen Davidstern und hebräische Schrift am Schaufenster auffällt. Hier gibt es vor allem koschere Lebensmittel, die aus Israel importiert werden. Fast die ganze Palette eines Supermarktes – von Fertiggerichten über Fisch bis zu Süßwaren – wird hier angeboten. Der gefliese Fußboden wird durch einen Davidstern geschmückt. Im angrenzenden Raum befindet sich das reichhaltige Sortiment an israelischen Weinen und Spirituosen.

SCHALOM

Wielandstraße 43 (Charlottenburg), Tel. 312 11 31
Öffnungszeiten: Montag bis Freitag von 11.00 bis 17.00 Uhr.

Schon seit 1965 gibt es diesen koscheren Laden, der damit der älteste seiner Art in Berlin ist. Ein Schild über der Tordurchfahrt wirbt für das kleine Geschäft im Hinterhof. Wer nur übersichtliche Supermärkte und schicke Delikatessenläden kennt, mag beim ersten Betreten etwas irri-

tiert sein. Alles wirkt ziemlich improvisiert, so als wäre man nur vorübergehend hier untergekommen. Doch bei *Schalom* wird man noch so freundlich wie bei „Tante Emma" bedient. Der Laden bietet ein reichhaltiges
Angebot an israelischen Spezialitäten. Es gibt zahlreiche Carmel-, Go-
lan- und Yarden-Weine sowie verschiedene Sorten Sekt und Spirituosen, darunter auch Sabra-Likör. Bei den diversen Lebensmitteln sind
auch Halva, eine orientalische Leckerei, und koschere Schokolade aus
der Schweiz, deren Verpackung im Layout noch aus den 70er Jahren zu
stammen scheint, zu finden. In Tiefkühltruhen sind Hühner, Puten und
Würstchen eingefroren.

TABULARIUM

Große Hamburger Straße 28 (Mitte), Tel. 280 82 03
Öffnungszeiten: Montag bis Freitag von 11.00 bis 20.00 Uhr,
Samstag von 11.00 bis 19.00 Uhr, Sonntag von 13.00 bis 19.00 Uhr.

Gleich neben der Jüdischen Realschule befindet sich das *Tabularium*.
Das Geschäft hat drei große Schaufenster, von denen eines jüdischen
Artikeln gewidmet ist. Darstellungen des siebenarmigen Leuchters, der
Menora, auf dem Ladenschild signalisieren jedem Passanten, dass dieses Geschäft etwas „Jüdisches" verkauft. Der lateinische Begriff „Tabularium" bezeichnet eigentlich eine Urkundensammlung, also ein Archiv.
Das Geschäft mit seinem überaus vielschichtigen Produktangebot wirkt
jedoch eher wie ein Sammelsurium. Auf etwa der Hälfte der Fläche verkauft der Laden ausgesucht gutes Spielzeug, Berliner Messinglampen
und diverse Souvenirs. Ansonsten kann man deutsch- und englischsprachige Bücher von jüdischen Autoren oder zu jüdischen Themen, besonders Titel zur jüdischen Regionalgeschichte, erwerben. Außerdem gibt
es Kassetten und CDs mit Synagogalmusik, Klezmer und israelischer Pop-
musik. Das Angebot an Gesellschaftsspielen umfasst Brettspiele, darunter eine große Auswahl an Backgammon-Brettern, sowie einige Wür-
felspiele mit biblischen und israelischen Motiven. Auch verschiedene
rituelle Kultgegenstände – wie z. B. Schabbatkerzenhalter, Kiddusch-
becher, *Mesusot* und *Kippot* – werden verkauft. Daneben führt das Geschäft ein kleines Sortiment an koscherem Wein und Spirituosen.

Hebräischer Buchdruck, jüdische Verlage und Buchhandlungen in Berlin

Hebräischer Buchdruck meint den Druck von Büchern in hebräischer Sprache und mit hebräischen Lettern, wobei die Druckereien sowohl von Juden als auch von Christen betrieben sein können.

Der erste hebräische Drucker in Berlin war der christliche Hofprediger und Professor Daniel E. Jablonski. Juden erhielten zu seiner Zeit keine Drucklizenz von den preußischen Behörden. Doch sein Geschäftsführer, Juda Loeb Neumark, und die meisten der beschäftigten Setzer und Korrektoren waren Juden. Als erstes veröffentlichten sie im Jahre 1697 den biblischen Psalter. Zwei Jahre später folgte der Druck einer kompletten Bibel. Die Ablehnung der Druckerlaubnis für den Talmud durch den preußischen König Friedrich I. wurde umgangen, indem Jablonski in den Jahren 1715 bis 1722 mit dem ebenfalls christlichen Buchhändler und Drucker Michael Gottschalk in Frankfurt/Oder zusammenarbeitete. Gottschalk druckte, zusammen mit dem jüdischen Finanzier Behrend Lehmann, bereits in den Jahren 1697 bis 1699 die erste Talmudausgabe in Deutschland.

Weitere hebräische Buchdrucker im Berlin des 18. Jahrhunderts waren Baruch Buchbinder aus Wilna, Nathan Neumark, Aaron ben Moses Rofe aus Lissa, Isaak ben Jakob Speyer, Mordechai Landsberg und Isaak Satanow.

Im Jahre 1784 gründeten David Friedländer und seine Mitstreiter den Verlag der jüdischen Freischule, der von Aaron Wolfsohn-Halle geleitet wurde. Wolfsohn-Halle kaufte auch die ehemalige Druckerei von Landsberg und nannte sie ab 1796 „Orientalische Druckerei". Berlin wurde das Zentrum für den Druck der Literatur der Aufklärung, vor allem der Werke von Moses Mendelssohn, Naphtali Herz Wessely und David Friedländer. Die hebräische Zeitschrift *Ha-Me'assef* erschien ebenfalls in Berlin. Im Jahre 1836 gründete der Konvertit Julius Sittenfeld eine Druckerei, in der er in den Jahren 1862 bis 1868 unter anderem eine vollständige Talmudausgabe veröffentlichte. Hirsch Itzkowski betrieb seit 1874 eine hebräische Druckerei in der Großen Hamburger Straße 18/19. Er veröffentlichte eine Ausgabe der *Mischna*, eines religionsgesetzlichen

Sammelwerks der ersten beiden nachchristlichen Jahrhunderte, mit deutscher Übersetzung und Kommentar.

In den Jahren 1930 bis 1933 erschien ein Pentateuch für die „Soncino-Gesellschaft der Freunde des jüdischen Buches". In dieser 1924 in Berlin von Hermann Meyer gegründeten Gesellschaft versammelten sich Bibliophile, die sich besonders um eine Verbesserung der hebräischen Typographie bemühten. Die eigene Druckerei der Gesellschaft trug den Namen „Officina Serpentis". Eine wunderschöne, neue hebräische Drucktype wurde von dem Künstler Markus Behmer entworfen. Im Jahre 1937 wurde die Gesellschaft von den Nationalsozialisten liquidiert.

Mit jüdischen Verlagen sind hier – entgegen nationalsozialistischer Definition – ausschließlich die Verlage gemeint, die sich mit der Veröffentlichung jüdischer Autoren an ein ausdrücklich jüdisches Lesepublikum wendeten. Im Jahre 1902 wurde der „Jüdische Verlag Berlin" gegründet, der zunächst von Dr. Ahron Eliasberg und ab 1921 von Dr. Siegmund Kaznelson geleitet wurde. Der Verlag entstand aus der zionistischen Bewegung und setzte sich das Ziel, eine dezidiert jüdische Kultur, Kunst und Literatur zu fördern. Er widmete sich vor allem der Entdeckung der in Westeuropa noch weitgehend unbekannten Welt des osteuropäischen Judentums. Zahlreiche hebräische und jiddische Autoren wurden ins Deutsche übersetzt und veröffentlicht. Höhepunkte der Verlagsgeschichte waren das „Jüdische Lexikon" in fünf Bänden, die „Weltgeschichte des jüdischen Volkes" in zehn Bänden und eine vollständige deutsche Übersetzung des Babylonischen Talmuds in zwölf Bänden. Weiterhin erschienen im Jüdischen Verlag unter anderem Schriften von Samuel Josef Agnon, Martin Buber, Theodor Herzl und Franz Rosenzweig. Der Verlag wurde im Jahre 1938 zwangsweise geschlossen.

Der „Central-Verein deutscher Staatsbürger jüdischen Glaubens" gründete im Jahre 1919 den Philo-Verlag, der in der Pariser Straße 44 seinen Firmensitz hatte. Der Verlag machte sich besonders in den 30er Jahren mit dem „Philo-Lexikon-Handbuch des jüdischen Wissens" und dem „Philo-Atlas", einem Handbuch für jüdische Auswanderung, verdient. Der Warenhausunternehmer Salman Schocken gründete im Jahre 1931 seinen eigenen Verlag, der vor allem klassische Werke der jüdischen Literatur und Philosophie in geschmackvollen Ausgaben veröffentlichte. Der Schocken-Verlag hatte seinen Sitz in der Jerusalemer Straße 65 bis 66. Er wurde 1938 von der Gestapo zwangsweise geschlossen. Salman Schocken war schon 1934 nach Palästina emigriert und gründete einige Jahre später einen Verlag in Tel Aviv und einen in New York. Ende der 20er Jahre gab es etwa 40 jüdische und hebräische Verlage und Buchhandlungen in Berlin. Viele Verlage – wie z. B. der Verlag Jüdische Arbeiterbuchhandlung, der Jiddisch-Literarische Verlag, Rimon, Klal, Dwir und Horeb – befanden sich im Scheunenviertel.

Als jüdische Buchhandlungen werden hier nur solche Geschäfte bezeichnet, in denen es ein spezifisches Sortiment an Büchern von jüdischen Autoren und zu jüdischen Themen gab.

In unmittelbarer Nachbarschaft zur Neuen Synagoge, in der Oranienburger Straße 26, befand sich z. B. die Buchhandlung von Moses Gonzer. Und in der Neuen Friedrichstraße befanden sich gleich mehrere jüdische Buchhandlungen und Verlage. Der Gelehrte Dr. Moritz Poppelauer gründete im Jahre 1860 eine hebräische Buchhandlung in der Neuen Friedrichstraße 59. Bekannte jüdische Vertreter der Wissenschaft des Judentums wie Leopold Zunz, Moritz Steinschneider und David Cassel gehörten zu den Stammkunden. Im Jahre 1894 übernahm der Schwiegersohn, Jacob Saenger, das Geschäft.

Louis Lamm hatte ab 1901 eine eigene Verlagsbuchhandlung in der Neuen Friedrichstraße 61–63. Er veröffentlichte vor allem historische und religionsphilosophische Schriften und betrieb zusätzlich ein Antiquariat. Die Buchhandlung wurde im November 1933 geschlossen.

Die im Jahre 1863 gegründete Buchhandlung „C. Boas Nachfahren" befand sich seit 1888 ebenfalls in der Neuen Friedrichstraße 69. Hier wurden nicht nur Bücher, sondern auch Ritualien verkauft.

Am 30. Juli 1937 wurde von den Nationalsozialisten angeordnet, dass jüdische Buchhandlungen ausschließlich Werke jüdischer Autoren oder Herausgeber und zwar nur an Juden verkaufen durften. Am 31. Dezember 1938 wurden alle jüdischen Buchhandlungen und Verlage zwangsweise geschlossen. Der Restbestand ging an das Buchlager von dem neu gegründeten „Verlag Jüdischer Kulturbund", der nach 1938 als einziger die Bücher jüdischer Autoren verkaufen durfte, bis auch er 1941 geschlossen wurde.

Register

Sachregister

Personenregister

Zum Autor

Bill Rebiger studierte Judaistik in Berlin und Jerusalem. Zur Zeit arbeitet er als wissenschaftlicher Mitarbeiter in einem Forschungsprojekt zur jüdischen Magie am Institut für Judaistik der Freien Universität Berlin. Für den Verein „StattReisen Berlin e.V." leitet B. Rebiger Rundgänge zum Thema „Wege in das jüdische Berlin".

Architektur in Berlin

Arnt Cobbers
Architekturführer
Die 100 wichtigsten
Berliner Bauwerke

224 Seiten, 99 Abbildungen
DM 19,80
ISBN 3-932202-71-6

Der promovierte Kunsthistoriker Arnt Cobbers beschreibt die wichtigsten Bauwerke Berlins in Hinblick auf Epoche, Architekt und kulturhistorische Zusammenhänge. Die fundierten Einzeldarstellungen werden jeweils ergänzt durch eine Übersicht mit den wichtigsten Daten (Stil, Bauzeitraum, Adresse u. a.) und ein markantes Foto.

Gegliedert nach Bauepochen und mit einem ausführlichen Register versehen, ist der Band ein unentbehrlicher Begleiter durch Berlins abwechslungsreiche Architekturlandschaft.